知的生きかた文庫

おしゃれな人には理由がある

石田純子

三笠書房

はじめに

いまのあなたに似合う服が、必ず見つかる！

たとえば道を歩いていて、あるいは何かの集まりに参加したときに、「あの人、素敵だな」「おしゃれだな」と感じる人に、だれでも出会ったことがあると思います。

ここで考えてみていただきたいのですが、「おしゃれな人」って、どんな人でしょうか？

・センスがいい人？
・スタイルがよくて何でも似合う人？
・流行の服や高い洋服を着ている人？

実はどれも正解ではありません。

「特別なおしゃれセンスをもっている人」も「モデルみたいに美しい容姿に生まれついた人」も「おしゃれに無尽蔵にお金をかけている人」も、この世の中にそんなにいるはずがありませんよね。

多くの人が、何かしらコンプレックスのようなものを抱きながら、試行錯誤して着る服を選んでいるのではないでしょうか。

おしゃれな人が、おしゃれである理由は、この「試行錯誤」にあると私は思っています。

「若いころと違って、定番の白シャツが似合わなくなってきた」

それなら、身幅がたっぷりしていて、すそがひらりと動くデザインの白シャツにかえて、いまの体型を魅力的に見せる方法を探しては?

「きれいな色を着てみたいけれど、私には無理かな」

そんなことを言わずに、自分の好きな色、安心する色と組み合わせてみては？　まずは小物でお試しするだけだっていいんですよ。

みなさんが街で「素敵だな」と思う人も、実は特別な人ではなく、こんな試行錯誤を経て、自分に似合うものを見つけた人なのではないでしょうか。

「もう年だから」「太っているから」「背が低いから」……おしゃれの試行錯誤を邪魔するこんな言葉を、つい使っていませんか？　おしゃれ心にブレーキをかけるのは簡単。でも、本当は、そのコンプレックスをスタートラインにしてほしいのです。

この本では、コンプレックスから生じる思い込みを払いのけ、おしゃれの試行錯誤に役立つ「法則」をたくさんご紹介しています。ファッションの根幹に立ち返り、時代や流行を超えて通用するヒントを集めています。

おしゃれとは、センスや感性だけで勝負するものではありません。

きちんと計算された「法則」があり、それさえ知っていれば、だれでもなりたい私になるおしゃれを手にすることができるのです。

着ている自分が心地よく前向きに過ごせて、さらにまわりの人までも楽しい気分にさせてしまうのがおしゃれの力。年齢を重ねてきたいまこそ、そんなおしゃれの力が重要です。

季節を問わず、年齢を問わず、おしゃれの方向に迷ったら、何度でも、いつでも本書を開いてください。「62の法則」があなたのファッション観を大きく変えてくれるはずです。本書を参考にしていけば、10年後、20年後には、もっともっと素敵なあなたに変化していています。

石田純子

目次

chapter 2 「色と柄」を着こなすヒント

chapter 3 大人のための「コーディネートルール」

chapter 4

「着やせ」ができれば、あかぬける

chapter 5 「小物づかい」がおしゃれの決め手

chapter 6 無駄なく上手な「買い物」のコツ

chapter 7

10年後が楽しみになる「おしゃれの姿勢」

ブックデザイン／若山嘉代子 L'espace
編集協力／神 素子
本文DTP／フォレスト

chapter 1

「アイテム選び」から、おしゃれは始まる

便利そうなベージュのパンツは老けて見える

【法則】1

何にでも合って便利だから、ベージュのパンツは必須アイテム……という方が多いかもしれません。でも実はこれ、確実にオバサン化させる必殺アイテムなのです。

日ごろ、私はベテラン女優さんのスタイリングをさせていただくことが多いのですが、彼女たちはもともと美しいうえに、長い芸能生活の中で洗練されてもいます。そんな彼女たちもドラマの中では、やぼったい中高年女性を演じることがあります。「この素敵な人に、どんな服を着せたら『オバサン』っぽくなるだろう?」と考えたとき、真っ先に思い浮かぶのがベージュのパンツです。

くすんだベージュ。丈はくるぶしまで隠れるフルレングス。素材はポリエステル。ウォーキングシューズやかかとの低いパンプスと合わせれば、あら不思議、「すっかりオバサン」になった美女がいるのです。もちろん女優さんたちの演技力の成果ではありますが、ベージュのパンツの力(?)には驚かされます。

トップをかえることでコーディネートに変化をつけようとすると、ボトムは無難な色である黒・茶・ネイビー・グレー、そしてベージュを選びがちです。

同じベーシックカラーの中でも、なぜベージュは老けて見えるのでしょう?

第一の原因は、ベージュ色アイテムにはくすんだ色が多いことです。このどんより感が、50代以降のくすみがちな肌色を、さらにくすませてしまいます。全体のシルエットもぼんやり。ボトムは体に占める面積が大きいうえに、トップのように、ストールやアクセサリーなどでほかの色を添えることもできません。

第二の原因は、靴の選択肢が狭まることです。黒やネイビーのボトムであれば、その下に同系色のタイツをはき、同色の靴などにつなげて脚長に見せることも可能です。でもベージュのボトムの場合、靴とパンツの間をつなぐ選択肢はナチュラルカラーのストッキングになってしまいます。ストッキングにすることで、靴の選択肢もグンと狭まり、足元の表情もおのずと決まってしまいます。

もし明るい色のパンツを選ぶなら、オフ白がおすすめ。「でもベージュが好き」というなら、微妙なベージュの違いを見分ける目をもちましょう。ベージュは素材や質感によって、「クリアなベージュ」と「くすんだベージュ」に分かれ、巷《ちまた》にある9割以上は残念ながら「くすんだベージュ」です。ぜひとも自分の肌をきれいに見せる、つややかなハチミツのような美しいベージュを見つけてください。

スカートは、着こなしの主役になるものを選ぶ

【法則】2

年齢が上がるにつれて「スカートをまったくはかなくなった」という方は多いものです。「スカートはしんどい」「緊張する」というイメージを一度捨ててみませんか？

「スカートはしんどい。ヒールの高い靴を履かなければならないし」という方は少なくありません。スカート＝黒やベージュのタイトスカートをイメージすると、確かに合わせる靴もパンプスくらいしか思い浮かびません。

でも、コーディネートの調整役になるスカートではなく、着こなしのアクセントになるスカートを選ぶ、といった視点で考えるといかがでしょうか。とくに手持ちの服がモノトーンや茶、ネイビーに偏りがちな方におすすめしたい手法です。

そういう方の多くは、「たまには華やかな柄のブラウスや、カラフルなセーターに挑戦してみたいけれど、合わせてみると派手すぎるのよね」とおっしゃいます。確かに、トップに華やかな柄や色がくると、顔とのバランスが難しくなります。でもスカートなら、顔から距離があるので違和感が薄れるのです。

たとえば、アート柄や幾何学模様などが入った、ロング丈のフレアスカートなど。面積が大きいので派手に見えますが、黒やネイビーなど、普段よく使う色がスカートの基調色や柄の中に入っていれば心配はいりません。

合わせ方は簡単です。スカートで使われている黒やネイビーで、スカート以外のアイテムである、セーターやジャケット、靴やタイツまでをそろえてしまうのです。スカートが華やかなので、あとはシンプルでも華やかさが加わりすっと決まります。気になるなら、ロングカーディガンを合わせてみましょう。スカートの面積がぐっと小さくなって上品にまとまります。

パンツに柄が入ると、脚が分断されて短く見えることも多いのですが、スカートならその心配もいりません。

「スカートははきたいけど、無地がいい」というのであれば、素材が「普通」に見えないものを選んでください。総レースだったり、合皮だったり、光沢やはりがあったり。丈も、ひざ下くらいの中途半端な長さではなく、思い切ってロングにしてみましょう。

少しだけ〝イマドキの空気〟をまとうことが、大人世代のスカートの選び方なのです。

デニムに合わせたいのは、きれいめアイテム

【法則】3

デニムって、どんなトップにも絶妙に合う魔法のアイテム。ストレッチのきいた、柔らかいデニム素材が増えたいま、大人世代の頼れる味方ですが……。

私たちが若かったころ、少し高級なレストランやホテルのラウンジにジーンズ姿はNGでした。デニムは、きわめてカジュアルなアイテムだったのです。

いまや、デニムは市民権を得ました。さすがに冠婚葬祭の場ではありえませんが、日常のほとんどの場面でデニムパンツを見かけます。レストランでも劇場でも、デニムだから恥ずかしいということはありません。

でもそれは、あくまで「着方を間違わなければ」ということです。

普通のTシャツやチェックのシャツ、トレーナーなどを合わせてしまうと、それらがどんなに高価なものであっても、残念ながらおしゃれ着には見えません。デニムパンツにデニムのジャケットを合わせてしまうのも、ありがちな失敗例です。デニムをカジュアルな場面でしか着なかったころの、あのイメージはいったん捨ててしまいましょう。

大人世代がデニムを着る場合、鉄則は「きれいなものを合わせる」ということです。たとえば、体型カバーの強い味方になってくれそうな、デザイン性の高い白シャツ。たとえば、〝きちんと感〟が漂うノーカラージャケット。たとえば発色のきれいなピンク色のカシミアのセーター……。そんな、きれい要素の強いトップに合わせてみてください。「甘すぎる」「上品すぎる」「落ち着きすぎる」という雰囲気を、デニムのもつカジュアル感が緩和し、若々しい方向に引っ張っていってくれます。

しかも、デニムの素材感や色合いは、ほかのどんなアイテムともかぶりません。異なるテイストをミックスして着るほうが、断然おしゃれに見えるいまの時代、デニムの力を借りればたいていの課題はクリアできるのです。

無敵のデニムですが、注意してほしいことがあります。

それはデザインです。「デニムは定番」と思って、何年も同じデニムパンツをはいていらっしゃる方もいるかもしれませんが、デニムほど流行を感じさせるアイテムもないでしょう。5年ぐらいで形や色が変わるのがデニムの常。そのつど見直しをはかることが、デニムをおしゃれに着こなすための前提条件なのです。

白シャツに〝永遠の一枚〟なんてありません

【法則】4

白シャツは永遠の定番アイテム……なんて思ったら大間違い。シャツをセンスよく着こなすためには、「いまのシャツ」の流行を知っておく必要があります。

白シャツといって思い浮かぶのは、どんなものですか？　制服やスーツの下に着るようなワイシャツだとすれば、それは今私たちが着るシャツではありません。シャツもデニムと同様、数年おきにモデルチェンジを繰り返しています。一見同じように見えても、えりの形、身ごろの幅、そでのつけ位置、丈や素材、すべて変化しています。永遠の定番シャツなんて、この世には存在しません。このような変化をキャッチして、エッセンスを取り入れることが「若さ」だと私は思います。

ここ数年のシャツの流行は、うれしいことに大人世代の味方です。身幅がたっぷりしていて、肩がほどよく落ちて、すそに遊びがあります。えりも後ろにぬけていて、立体的に仕上がっているものが多いのも特徴。シャツ1枚でも十分主役をはれるし、体型カバーにも一役買ってくれます。

大人世代が重視したいのは、すそのデザインです。最近はシャツのすそをボトムの中に一部入れて着るスタイルがはやっていますが、全部出すか全部入れる、といった着方に慣れていた人は、少し抵抗があるものです。でも、すそに前後差のあるシャツなら、部分インも簡単。前だけを中に入れて、後ろの長い部分で気になるヒップをカバーすることができます。ウエスト部分に切り替えがあって、すそがヒラヒラしたペプラムなら、タックインせずに着こなせます。

前身ごろと後ろ身ごろで、生地の素材が違うシャツも見かけます。前面は綿ブロードで「いかにもシャツ」なのに、背中にはシフォンが使われていたりします。このようなデザインのシャツには着やせ効果、そして華やかさがあります。横から見たとき、体の厚さを半分にしてくれるのです。肩がストンと落ちたようなそでも、二の腕のたるみを気にせず着られますね。デザインだけでなく、生地にも注目しましょう。大人のシャツは、ペラペラではいけません。上品な光沢があり、体のラインを拾わない「はり」のあるものを選びたいものです。

このようなシャツは、カーディガンやジャケットのインナーとして着ることももちろんできます。「やっぱり白シャツって頼りになる」と実感できるのではないでしょうか。

大人のワンピはレイヤードで着る

【法則】5

「ワンピース」はその名のとおり、1枚着るだけでコーディネートが完成する便利なアイテム。でも、そのまま着てしまうと、やぼったく見えてしまう怖さもあります。

年齢とともに体型は変わります。胸が下がり、背中が厚くなり、ウエストや腰に丸みが出て、ヒップが下がる……。メリハリのないボディになるということです。その体型を意識せず、ストンとしたシンプルなワンピースを着てしまうと、見た目の印象は「筒」になり、とても危険です。

「筒」を回避するためには、ワンピースのラインを吟味する必要があります。

私がおすすめしているのは、すそに向かって広がるAライン（↓法則29）。「筒」ではなく「円錐《えんすい》」に見せるというわけです。あるいは、ウエスト部分が細く見えるデザイン。斜めの切り替えが入っていたり、目くらましになるような柄が入っていたり。逆にいえば、随所に工夫がほどこされ、ズドンと見えるのを避けてくれるワンピースこそが、大人のワンピなのです。また、ワンピースは1枚で着ないこと。ボレロやジレを合わせてレイヤードにしたり、レギンスパンツを合わせたり、ロングカーディガンを合わせてIラインをつくったり（↓法則27）することで、スタイリングに個性が生まれてきます。

Tシャツはデザイン性のある一枚を探そう

【法則】6

定番アイテムだったTシャツが似合わなくなってきた……という方は多いはず。大人の体型を優しくカバーしてくれるTシャツは、本気で探さなければ見つかりません。

年齢を重ねた体に似合わなくなるものの代表は、1枚で着る場合のTシャツかもしれません。あのシンプルすぎるデザインに体型カバー力は備わっていませんし、どう着ても部屋着感が漂ってしまいます。

大人がTシャツを着ようと思ったら、「T」の形でないものを選びましょう。たとえば、そではドルマンスリーブでゆったりしたもの。すそは、前後の長さが違うなど、パンツの上から出してもすっきり見えるもの。すそに向かって広がるAラインなら、体の線をふんわりカバーし、おなかにはりつきません。そんなニュアンスのあるTシャツを選びましょう。布地も、ペランペランなものは避けたいですね。コットン素材でも、つやがあって、はりのある生地なら肉感的になりません。背中やわきにできがちな段差を、しっかり覆ってくれる布地を選ぶことが重要です。

パッと見て「大丈夫そう」と思っても、必ず試着して決めてください。Tシャツのような体に寄り添うものほど、入念なチェックが欠かせないのです。

タンクトップこそ上質なものに投資する

【法則】7

たかがインナー、などとあなどってはいけません。タンクトップこそ、おしゃれに見えるか否かの分かれ道。「見られる」ことを意識して、上質のものを身につけたいものです。

大人の女性は、えりを大きく開けましょう。シャツのボタンなら、2つ以上、3つ4つもあり。深いVゾーンはデコルテをきれいに見せ、顔回りをシャープに見せてくれます。Vゾーンが深くなれば、選ぶネックレスの可能性も広がります。

ただし、胸の谷間を見せてはいけません。品がないし、周囲の人も目のやり場に困ってしまいます。見せるのは、谷間ではなくタンクトップです。「下着が見えちゃった」と思わせるような薄っぺらなものではなく、前かがみになっても肌から離れないしっかりしたものを。えりぐりは、丸えりよりも横一文字のストレートラインのほうが、どんな服にも合わせやすいと思います。ブラジャーのひもを隠せる太めのストラップや、手を上げてもおなか回りが見えない丈の長さも、大人世代には必要な条件ですね。

絶対安心の一枚があれば、あれこれ迷うコーディネートの悩みがひとつ解消されます。後回しになっているアイテムの代表ですが、多少高価でも自分にとって意味のある一枚を見つけましょう。

コートは、高価格とプチプラを使い分ける

【法則】8

大人が着るコートは、それなりの品質のものを選ぶべき？　それとも、多少値段を抑えてもトレンドを合わせて買い足すべき？　その両方の意見、どちらも正しいのです。

冬が近づくと、「コートはどんなものを選ぶべきですか?」と聞かれることが増えます。この質問、答えるのはなかなか難しいのです。

私たちが若いころ、「大人の女性(男性)は、高品質で高価格のコートを着るもの」という空気が確かにありました。ハイブランドのコートの高級感は一目瞭然です。質感もつや感も、手触りのなめらかさも、何もかもが違います。大人になったのですから、そんな高級コートが1枚あってもいいと、私は思います。

一方で、コートにも流行はあります。下に着るものによっても場面によっても、求めるデザインは違います。何枚かは持っていたいと思うのも当然でしょう。「何はなくとも高級コート」なのか、「いまの空気を感じさせるプチプライスコートをバリエーション豊富に」がいいのかは、まさに考え方次第。

私はというと、折衷派です。多少奮発したコートを数年ごとに1枚買って、大事なシーンで活躍してもらいます。ここしばらく、コートのデザインはさほど極端に変わっていませんから、ストールやアクセサリーで今年らしさを取り入れれば10年は十分に着られます。

ダウンコートやフードつきのカジュアルコート、リバーシブルのコーディガンなど、流行を取り入れたコートは低価格でいきましょう。カジュアルなシーンにはこのようなコートが似合いますし、流行をキャッチしたコートを羽織るだけであなたのおしゃれセンスが伝わります。

もうひとつ、コートに関して聞かれることがあります。それは、「ロング丈のコートから、ロング丈のボトムが見えてもいいんですか？」という着丈問題。

以前は「かっこ悪い」といわれていましたが、近年「見えてＯＫ」と認可（？）されたようで、多くの人がコートからガウチョパンツやスカートをゾロリとはみ出させながら歩いています。

でも、私はしっくりきません。コートは、ボトムが隠れる長さがかっこいい。どうしても見えるなら、せめて15センチ以内。そしてその場合、ボトムのすそから見える靴やタイツがやぼったくないか、にも十分気を使いたいものです。

chapter 2

「色と柄」を着こなすヒント

似合う色は、あなたがいま着たい色

【法則】9

「似合う色がわからない」という方こそ、気になる色をためらわずに着てほしいもの。少し勇気を出し試着して、アクセサリーやストールを組み合わせて。きっと印象が変わります。

色を選ぶことに、苦手意識をもつ方は少なくありません。だからでしょうか。カラー診断などのアドバイスを受けて、「私に似合う色はロイヤルブルーで、サックスブルーはダメなんです」などとおっしゃる方が少なからずいます。そこまででなくても、「私は子どものころからパステルカラーが全然似合わなくて……」などと思い込んでいる方は案外多いように感じます。

スタイリストの立場から言わせていただきますと、「似合わない色」なんてありません。

確かにその色を単体で顔に当ててみたとき、「A色よりB色のほうが似合う」ということはあるでしょう。でも、その1色でスタイルをつくるわけではありませんよね。アクセサリーやストール、ボトムやカーディガンなどを組み合わせれば、印象はいくらでも変化します。どの程度のボリュームで入れるか、顔と近づけるか離すかも、コーディネート次第なのです。

似合う色を探すより、「気になる色」を着てみるのがいいと思います。お店で洋服を見ているとき、なぜかその色の服に目がいったり、つい触ってしまったりするということがあるのではないでしょうか。

それがピンク色だとしますね。まず手に取ってみましょう。「……やっぱり私にはムリ」と思うかもしれませんが、大丈夫。勇気を出して試着してみてください。それでも「……やっぱり私にはムリ」となるかもしれませんが、大丈夫。さらに勇気を振りしぼって、黒のアクセサリーを足してみたり、ピンクと白と黒がまじったストールを入れてみたり、グレーのロングカーディガンを合わせてみたりしましょう。そのうちに「あれ？　案外着られそう」と思える瞬間がくるのです。それが「気になる色」が「似合う色」に変わる瞬間です。

私は最近、黄色やターコイズブルーが気になります。いままであまり着てこなかった色なのですが、やけに目について、触ってしまうのです。自分でも気づかない「着てみたい」という思いが、目や手を通してその洋服に向かうのでしょう。

気になった色は着てみてください。気持ちに素直になっても大丈夫。

老けて見える上品色には、差し色をプラスする

【法則】10

派手な色は「オバちゃん」っぽいから、上品なベージュやグレーのトーンでまとめよう、と考えるのは悪くないのですが、上品な色だけでは落ち着きすぎて老けた印象になります。

クローゼットを開けると、ベージュとグレーの服がずらり！という人は多いと推察します。

この2つの色に共通するのは「安心感」です。大人の女性が着て恥ずかしくない、上品さを感じさせる色ですし、白や黒のようなコントラストがはっきりした色よりも、いまの年齢の顔色や髪色に合うような気がします。

それは確かにそうです。でもそれは、ベージュやグレーのもつ「上品なおばあさま」のイメージに、ストンとはまってしまう危険と紙一重でもあるのです。

上品色の落とし穴にはまらないためのポイントは、2つあります。

まず、洋服そのものを地味にしないことです。ベーシックなデザイン、マットでくすんだ色味、厚手で重そうな生地は避けましょう。選びたいのは、ラメや光沢感のある素材、透かし編みといった華やかさのあるものです。もともとが上品色なのですから、派手に偏りすぎる心配はありません。

次に、アクセントカラーをプラスすることです。インナーやアクセサリー、ストールなどの小物なら、手軽に取り入れられます。

ベージュにおすすめのアクセントカラーは、濃いブラウンやブルー。ふんわりしたベージュのイメージをきゅっと引き締めて、知的な印象を与えます。

グレーに合わせたいのはピンクやオレンジといった暖色系。クールなイメージのグレーを、モダンな雰囲気に変えてくれます。黒のアクセサリーを合わせても引き締まって素敵です。

アクセントカラーは、あくまでくすみのないクリアな発色のものでなくてはいけません。「えんじ色」「濃い緑」など、暗めの色を差し色にしてしまうと、老け感がますます強くなります。明るい色は躊躇《ちゅうちょ》するかもしれませんが、年齢とともに髪の色が白くなるように、目や眉の色も柔らかくなっていきます。きれいな色が似合うようになっているのです。

安心感の強い上品色だからこそ、冒険心というエッセンスを加えて着てみてください。

【法則】11

実は手ごわいワントーンコーデは、色のトーンをそろえる

「コーディネートは同系色でまとめるとおしゃれに見える」という〝神話〟があります。一見簡単そうなのですが、どうしてどうして。プロだって素敵に見せるのは至難の業です。

ベージュやグレーにありがちなのですが、「同系色を組み合わせる」ことをおしゃれだと思っている人は多いようです。薄いベージュと濃いベージュとブラウン。チャコールグレーとライトグレーと黒。しかもこの2色の商品は世の中にたくさんありますから、「ベージュ系」「グレー系」なら靴もバッグもそろっている、という人も多いはず。でも、これらを組み合わせたらワントーンコーデ完成！とはいきません。多くの場合それは、グラデーションになっていないからです。ベージュひとつをとっても、赤みがかっていたり、黄みがかっていたり、色味がまるで違います。中途半端に近い色が並ぶと、まったく違う色が並ぶよりもちぐはぐに感じます。使うならトーンをそろえることが大原則です。

もしどうしても同系色で合わせたいなら、微妙な色の違いをつなぐ色を投入することです。ベージュなら濃いブラウンを、グレーなら黒を。どこかでキュッと締めて着ることが大切です。また、素材感の違いを前面に出すことでワントーンコーデがうまくいく場合も多いものです。「法則12」とあわせて参考にしてください。

大人の黒は、素材と質感で華やかに

【法則】12

「黒は地味」と思い込んでいる方は少なくないようです。それは選ぶ「黒」が間違っているからかもしれません。大人の黒は、華やかに、知的に着こなしてこそ、魅力的なのです。

黒をどんなふうに着ていますか？　モノトーンで着ている方、黒1色で着ている方をよく見かけます。理由をうかがうと、「着やせして見えそうだから」「無難だから」と答える方がとても多いのです。

確かに、濃い色は引き締め色、淡い色は膨張色、などといわれます。引き締め色の代表とされるのが、黒です。

でも、黒は「着ているだけで、引き締められる」というほどお手軽なものではありません。黒のセーターに黒のパンツ、黒の靴に黒のバッグ、そして髪の毛も黒。こんな真っ黒コーデでは、どこから見ても黒いかたまり。少しも細くは見えません。逆に重たく見えてしまうし、顔色を悪く見せます。

黒こそ、吟味して着るべき色です。素材や質感で表情がまったく違うからです。よどんだ黒も、クリアな黒もあります。やぼったい黒もあれば、つややかでフェミニンな黒もあります。安っぽいコットンの黒も、なめらかなシルクの黒も、全部黒。その中から、大人は美しく品のいい黒を選ばなくてはいけません。

着やせを考えるのであれば、アクセントカラーをじょうずに取り入れることがたいせつです。黒1色のコーデに、鮮やかな柄のスカーフを垂らして縦のラインをつくる（↓法則27）など、プラスアルファが必要です。

黒1色のコーデにしたいのであれば、素材や形をベーシックにしすぎないことが鉄則です。たとえばシフォンやレースのスカート。これをピンクや白で着るのは難しいし、うっかりすると「ぶりっ子おばさん」になりかねません。でも、黒にしたとたん、落ち着きと知性が備わるのです。しかも、本来の素材が華やかですから、ほかが黒でも沈みすぎません。黒1色のセーターでも、肩や腕にレザーが入っていたり、背中やすそにシフォンが入っているなど、1枚の中に異素材が使われていると、とたんにおしゃれ感が増します。

黒を着るのは「色を選ぶのがめんどうだし、色とりどりは似合わなそうだから、消去法で黒」ではありません。おしゃれに見せたいから、あえて黒を選ぶ。そういう姿勢でないと、大人世代の黒は着こなせないのです。

顔回りに白をもってくると、10歳若返る

【法則】13

「年をとると白が似合わなくなるのよね」とはよく聞く言葉ですが、白ほど大人世代を救ってくれる色もありません。顔回りにくる白は、肌年齢を10歳若返らせてくれますよ。

白は魔法の色。私は常々そう思っています。

白には、清潔感、知性、上品さ、高潔さ、そして明るさがあります。顔のまわりに白い色が添えられるだけで、白のもつイメージまでもがその人の内側にすっと入り込むように感じられるのです。

にもかかわらず、「もう白は着られないわ」とおっしゃる方は少なくありません。白の強さや明晰さに、はりが失われてきた肌が太刀打ちできなくなってしまった……そう思う気持ちはわかります。

でも白は、重ねた年齢の味方でもあります。顔のそばに白い色があるだけで、くすんだ顔色が一段明るくなって、若々しく、元気に見えます。白を使わないなんてあまりにもったいない。

白の初心者さんなら、ネックラインに白をもってくるところから始めましょう。白いシャツにセーターやカーディガンを重ねて、白いえりと白いカフスをセーターの外に出します。えりを立てると顔の近くまで白がきて、肌色が明るくなります。

白いタンクトップを、Vネックセーターの胸元から見せるのも簡単な方法です。この場合、白と顔に少し距離ができてしまうので、イヤリングやネックレスなどにも白を加えましょう。そうすると胸元の白と顔がつながって、明るさが2倍にも3倍にもなります。プリント地のストールを巻くときには、一部分でもいいので白が入ったものを選ぶと、顔回りに明るさがプラスされます。

白い洋服を選ぶなら、デザイン性の高い白シャツはいかがでしょうか（↓法則4）。清潔感とシャープさはもちろん、女性らしさも印象づけることができます。

そして、忘れてはいけないのが白い靴です。白い靴には夏のイメージがありますが、冬でも問題ありません。白のスニーカー、白のローファー、白のスリッポン。足元の白は、着こなしがスタイリッシュになり、一気に5歳は若返ります。「白い靴を履く勇気はない」というのであれば、白いソックスもおすすめです。「白ソックスなんて学生みたい！」と思うかもしれませんが、ワンポイントもリブもない少し高価な白ソックスを黒いひも靴と合わせると、とてもおしゃれです。

柄を着るなら、小花柄より「大胆な柄」を選ぶ

【法則】14

無地ばかりではなく、柄物にもチャレンジしませんか？　といっても、昭和の香り漂うおなじみの「小花柄」ではありません。大人を素敵に見せるのは、「大胆柄」です。

柄物というと、「小花模様」か「ヒョウ柄」をイメージする方が多いようです。ヒョウ柄については「法則15」に譲るとして、ここでは花柄を中心に、柄物のルールについてお話ししましょう。

大人が選ぶ柄物は、ある程度大胆であるべきです。小さい花模様やペイズリー柄のブラウスやスカートは、安心で無難ですが、ともすると、地味で古くさい印象を与えがちです。

提案したいのは、大胆な柄です。幾何学模様や、水玉、花模様ならひとつひとつが大きいもの、風景画のようなものも魅力的です。ペイズリーなら、同系色だけでまとめられているものより、アクセントカラーがところどころに入っている明るい色使いのものを選んでください。プリントだけでなく、モチーフを縫いつけたものもいいですね。

「法則2」でお伝えしたように、大胆な柄物はスカートとして取り入れるのが初心者向けですが、慣れてきたらワンピースやブラウスにも取り入れましょう。

柄物のコーディネートには、コツがあります。それは、柄物に合わせるアイテム（カーディガンやトップス）の色を、柄の中の1色と同じ色にすることです。たとえば黒を基調色としたロングスカートに、何色かの花模様がプリントされていたとします。落ち着いて見せたいなら、基調色である黒を中心にコーディネートしましょう。花模様が際立ちますが、派手にはなりません。若々しく軽快に見せたいなら、花模様の中でもアクセントカラーになっている小さな色をトップに使うといいでしょう。たとえば黄色や赤。色そのものは華やかですが、柄の中の1色を使うことで唐突感が薄れ、若々しくカジュアルな着こなしになります。

大人の女性におすすめの柄は、幾何学模様です。シャープに見え、柄に直線が多いために目くらまし効果があります。多色使いの場合には、前述のような着方をすれば統一感も出せます。

「柄物の洋服は印象が強いから、応用しにくい」と考える方もいますが、着方によって何通りものアレンジができる、それが魅力なのです。

アニマル柄は小さく使う

【法則】15

「ヒョウ柄大好き！」という方もいれば「オバちゃんっぽくてイヤ」と敬遠する方もいるアニマル柄。分量を間違えなければ、スパイスアイテムとしてとても魅力的です。

着こなしにインパクトを添えるアイテムを、私は「スパイスアイテム」と呼んでいます。一点投入するだけで、スパイスを振りかけるように「平凡」を「おしゃれ」に変える力をもっています。

柄物でいえば、ヒョウ柄をはじめとするアニマル柄や迷彩柄です。とはいえ、スパンコールやビーズなどの光り物で刺繍されていたり、動物の顔までプリントされているハデハデなものではありません。柄に使われる色のコントラストは抑えぎみで、あまり多くの色を使っていないものがいいでしょう。

じょうずな着こなしのコツは、見せる面積を極力小さくすることです。おすすめはブラウスです。黒のジャケットのインナーとしてチラリと見せる方法。それでもアニマル柄にはインパクトがありますから、視線が上半身に集まり、すらりと背が高くなったように見えるのです。これぞスパイスアイテムの効果です。

冒険アイテムは肩ひじ張らず、「ちょっとつまみ食いしてみました」くらいでとどめておくのが、大人の余裕なのです。

チェック柄をおしゃれに着こなす方法

【法則】16

数ある柄物の中で、「いちばん安心感があるのはチェック」という方も多いはず。けれど、悲しいかな、チェックをじょうずに着こなせている大人はほとんどいません。

正直に言わせていただくと、チェックの洋服をおしゃれに見せるのは非常に難しいのです。

私たち世代がイメージするチェックは、タータンチェック。ウールや綿のチェックシャツに、デニムパンツを合わせるスタイルが思い浮かびます。これも若々しいといえば若々しいのですが、印象は「これからハイキング!」になりがちです。

チェックのシャツを合わせるなら、大柄なチェックではなく、ギンガムチェックなど小さめのチェックがいいですね。またはチェックのもつカジュアル感と真逆の素材、チュールやタフタなどを選ぶと一気におしゃれになります。タータンチェックのパンツをはく方もいらっしゃいますが、大柄のチェックであればあるほど、残念なことに脚が短く見えてしまいます。縦横に交わる線が、脚の長さを分断してしまうのです。ボトムで柄物を選ぶなら、ストライプのほうがきれいです。

とはいえ、タータンチェックは色味のバリエーションも多く、魅力的な柄物です。マフラーやストール、バッグなどの小物に使ってみてはいかがでしょう。

chapter 3

大人のための「コーディネートルール」

大人になったら、素直にデザインの力を借りる

【法則】17

「シンプルなコーディネートが一番」「ベーシックアイテムさえあれば大丈夫」。そんな言葉をファッション雑誌で目にしますが、そのままねして似合うのは、45歳くらいまでです。

「シンプルでベーシックな服は着まわしもきくし、流行に左右されず、長く使えるのでわれわれ大人世代に向いている」というのは、大きな誤解です。

たとえば、Vネックセーターに細身のデニム。たとえば、ストンとした飾りけのないワンピースにパンプス。そういったシンプル服をおしゃれに見せるには、体型の中に「若さ」が必要なのです。

年齢がすべてではないし、若いことがいいことだと言いたいわけではけっしてありません。でも、年齢によって似合う服が違うことを知らなくては、大人のコーディネートは成功しません。

しかも、シンプル＆ベーシックであっても流行はあります。ディテールの変化をしっかり追いかけないことには、ベーシックであるがゆえに古くささに拍車がかかってしまうのです。

大人世代は、「シンプル服信仰」を卒業しましょう。素直に、デザインの力を借りるのです。

一見シンプルに見えるVネックセーターでも、すそに向かって広がっているとか、丈が前後で違うとか、ダウンスリーブで程よいゆとりがあるとか、こまやかなディテールにこだわったものを探しましょう。ワンピースなら、コクーンシルエットやAラインなど、体型をカバーしつつ、エレガントさを感じさせるものがいいでしょう。着まわしがきかないほど凝ったデザインではなく、アレンジ次第でおしゃれになる程度のシンプルさは必要です。

そんな「大人ならでは」のアイテムには、いまどき感のあるボトムや靴を合わせてください。パンツなら、「サルエルパンツ」や「ワイドパンツ」を。スカートなら、ボリューム感のあるロング丈を。靴もありきたりのパンプスではなく、ひも靴にタイツもいいですね。

これらを組み合わせてみても、けっして奇をてらったものにはなりません。いいえ、バランスよく組み合わされることで、印象はシンプルでベーシックに近くなるかもしれません。ただそれが、若い世代のものとは違うだけなのです。

全身のテイストをそろえて着ない

【法則】18

同じような色、同じような素材、同じブランド。テイストをそろえると決まる……というのも間違いではないけれど、若々しさを感じさせるのはテイストミックスです。

洋服のテイスト……といっても、少々わかりにくいかもしれません。「テイスト」とは「味」という意味があるので、「甘さ」「辛さ」と表現させてください。

「甘さ」＝かわいい、女性らしい、優しい、華やか。シフォン、リボン、レース、暖色、花柄、水玉柄などなど。

「辛さ」＝マニッシュ、シャープ、シンプル、クール、シャツ、デニム、レザー、テーラード、寒色、幾何学柄、ボーダー柄などなど。

というのが、私なりの分類です。この2つのテイストをミックスして着るのが、ここ最近のコーディネートの方向性です。たとえば、レザージャケット（辛）には、同じテイストのデニムパンツではなく、レースのロングスカート（甘）を。足元はパンプス（甘）でもいいけれど、ここはあえてひも靴（辛）にします。

こんなふうに、テイストをかえて組み合わせるのがコーディネートの面白さです。甘いトップに甘いボトムを合わせてしまうと、「ぶりっ子おばさん」になりがちですし、逆に、辛×辛だと「おじさん」っぽくなる怖さがあります。しかも

「同じテイストで着る」のは昭和のころの常識だったため、新しいアイテムでコーディネートをしていても、なんだか古くさく感じられてしまうのです。

テイストミックスは、甘辛の割合を半々にすればいいわけではありません。「やや甘め」「やや辛め」くらいにするほうがバランスがよく、割合でいうと8：2とか7：3。甘めが主体だけれど、どこかでキリリとクールに決めるとか、シャープな組み合わせに柔らかさがまじるのがいいですね。

ぜひ試していただきたいのは、自分のもっている雰囲気とは逆のテイストを主にしてほしいということです。かわいいイメージの人は、あえてクールさを基調にしてハッとさせてみましょう。普段はキリリとしている人は、甘さを多めに取り入れると親しみがわきます。

年齢を重ねると、個性はどうしても濃くなっていきがちです。ファッションの力でいままでの自分のイメージを、少し薄めてみませんか？　それもまた、洋服を着ることの面白みだと思うのです。

コーディネートにテーマを決める

【法則】19

「今日は何を着ようかな」と思うことは、「今日、私はどう見られたいのかな」と考えることと同じです。今日会う人、今日の予定を考えて洋服を組み合わせましょう。

私の場合、洋服選びに入る前に、スケジュール帳を開き、今日の予定を確認します。コーディネートはたいていボトム選びから始まるのが普通です。

スタジオで撮影がある日は、動きやすさ第一。「ボトムはデニムにしようかな。長時間立ちっぱなしでも疲れない、実用性重視の靴がいいかしら」。

コーディネートレッスンの講師をする日は、多少きちんとします。「この人の話を聞いてみよう、と思っていただけそうな加減で新しさをプラスしよう」――そんな感じです。ボトムはその日の活動とリンクしているので、コーディネートの核になります。ボトムが決まれば靴もトップも限定されますから、悩まずにすむという利点もあります。

仕事を例に出しましたが、私生活でも同じです。母と買い物に出かけるときには、「娘の純子」としてコーディネートします。夫とレストランに行くときには「妻の純子」です。突きつめれば、「どんな自分を見せたいのか」ということです。

みなさんはどうですか？　会社員なら、今日は「できる女性として見られたい」と思うのか、「後輩との面談があるから、優しい上司を演出したい」と思うのかで、コーディネートは変わってくるはずです。同じ紺色のワンピースを着るとしても、「できる」をイメージすれば「やや辛め」のコーディネートになります。シルバーのアクセサリーを選び、靴もマニッシュなものを選ぶといいでしょう。「優しい」と思わせたいなら、「甘さ」に寄ったコーディネートにしたほうが間違いはないはず。ピンクのシフォンのストールや、コットンパールの大ぶりのブローチを添えるかもしれません。見た目は案外、あなどれないのです。

子どもをもつ主婦の方の多くは、長いこと「お母さんの自分」を見せるコーディネートをされてきたことと思います。入学式や卒業式といったイベント用にスーツを買い、保護者会や行事に合わせて洋服を新調した、という方も多いかもしれません。でも子どもが巣立ち、お母さんの役割を終えたいま、問われているのだと思います。

あなたのコーディネートのテーマは何ですか?と。

全身の色数は、2色より3色が断然おしゃれ

【法則】20

「コーディネートに使う色は3色まで。4色以上だとおしゃれにならない」と、いわれています。とくに、私は「3色目がカギになる」といいたいのです。

「3色コーデ」というのは、昔からあるルールです。みなさんも、まだ娘さんのころに教わった記憶があるのではないでしょうか。「あまり色を使いすぎると、やぼったくなっちゃうわよ」と。多色使いを戒めるメッセージでした。

でも、昨今はモノクロコーデ、ワントーンコーデの人が増えてきて、「もうちょっと色を添えてもいいんじゃないの？」と言いたい私がいます。

たとえば、ネイビーと白の2色コーデで決めてしまったら、まるで制服です。ここにぜひ3色目の色を足してほしい。そのほうが、ずっとおしゃれです。

こげ茶と白の2色なら、オレンジ色のストールなんていかがでしょう。グレーと黒の2色なら、青みがかったピンクを差し色にしてみては？「今年は黄色がはやっているから、黄色がいいな」でもいいのです。3色目の色は、きっとあなたらしさをまとう色になります。

せっかく3色コーデが完成しても、バッグを持ったら「4色になっちゃった」ということもあるかもしれません。小物にも注意が必要ですね。

トップとボトムの比率は、1：1にしない

【法則】21

コーディネートのキモになるのは、トップとボトムのバランスです。1：1にしたほうがいいと思い込んでいる方が意外に多いようですが、等分になると面白みに欠けるのです。

テーラードジャケットに、タイトスカート。就職活動の女子大生が着るスーツをイメージするとわかりやすいのですが、あれが1：1比率の典型です。まじめそうには見えますが、おしゃれには見えません。

上下の比率は、等分でないほうがバランスよく見えます。

コンパクトなニットとスリムパンツだと比率は1：1ですが、トップは同じまで、ボトムをワイドパンツにかえてみましょう。比率は1：2に変わります。ボトムにボリュームが出たことで、安定感が生まれます。さらに「ボトムが重いぶん、トップにもボリュームをプラスして大丈夫ね」と次の扉が開きます。ストールを巻いたり、帽子をかぶったりしてもサマになるのです。トップにボリュームがあるときには、ボトムを小さくするのも鉄則です。

1：1の比率のものを組み合わせるときには、小物でバランスを崩すのもひとつの方法です。大きなブローチをつけたり、ロングブーツを履いたり、マフラーを巻いたり。しっくりくる比率は、あれこれ試すことでわかってくるものです。

コーデの仕上げは全身鏡で必ずチェック

【法則】22

洋服のコーディネートをするときには、必ず鏡に全身を映し、靴まで履いた状態で確認します。バランスがいいか悪いかは、全身を見なくてはわからないものです。

おしゃれはバランスです。色のバランス、ボリュームのバランス、丈のバランス。セオリーはさまざまありますが「自分にとっての正解」は、全身鏡の中にしかありません。

私は自宅の廊下の突き当たりに、全身が映る鏡を立てています。その手前にマットを置き、靴を履いた状態で、ネックレスの長さ、ブローチの位置を確認して、コーディネートの仕上げをします。全身バランスは、靴を履かないとわかりません。パンツの折り返しひとつとっても、靴がない状態では完成できません。それでも、家を出たとたんに雨が降り出して「この靴じゃムリ！」になってしまうと大変。もう一度コーディネートをやり直します。

そうやって毎日鏡で全身を見続けることそのものが、おしゃれのレッスンです。料理だって何年も作り続けるからこそ、目分量で味が調うようになるでしょう？ファッションも同じなのです。なお、全身鏡は1メートル以上離れて立てる場所に置きましょう。近すぎると上半身しか視界に入らないので、意味がありません。

きっちり着ない。でも、だらしなく着ない

【法則】23

コーディネートが仕上がったら、全体のバランスを見ながら微調整。いまどきの空気を取り入れるなら、着くずすことがおすすめです。ボタン、はずしてみましょうか。

私たち昭和世代は、「洋服はきちんと着なさい」と教わって育ちました。すそはちゃんと入れる、ボタンは全部留める、スカーフはきっちり折りたたんでほどけないように結ぶ、洋服は左右対称に正中線をそろえて……。でもいまは、多少着くずすほうが、おしゃれに見える時代です。「着くずす」ワザによって、着やせ効果や、バランスアップ効果、その人らしさの演出にもなるからです。

コーディネートの仕上げに鏡を見たら、「どこかを着くずせないかな？」と考えてみてください。シャツやカーディガンなら、ボタンを上から3つ目まで開けませんか？ カーディガンだったら、すそのボタンも1つ、2つ開けてみましょう。Xライン（↓法則28）ができて着やせ効果も高まります。

シャツを着たら、そで口を折り返しましょう。細い手首が見えるので、視線の誘導先になって着やせ効果も高まります。ジャケットだって、一折りしてからたくし上げると、こなれた感じに見えるものです。

パンツのすそをロールアップするのも、若く見せる大事なテクニック。折り返したすそが、くるぶしの少し上くらいになるように折り上げましょう。

スカートはウエスト位置ではくと、おなかのポッコリ感が強調されてしまうことも。一度きちんとはいたら、前を少し引き下げてみましょう。前下がりで着るとスカートはきれいに見えます。シャツのすそをウエストに入れるときも、きっちり全部入れるのではなくて、前だけ、またはサイドだけを入れて後ろは出したままに。腰やおしりのカバーにもなります。

ストールを巻くなら、あまりピシーッと折ったりせず、ふんわり動きが出るように巻くほうがずっとおしゃれです（↓法則41）。

とはいえ、だらしない印象になってはいけません。ボタンをはずして見えたインナーが、下着感満載だったら台なしです。折り返したそでロがズルズル落ちてくるようでは、気になります。私は輪にしたヘアゴムをそでに通して、それから折り上げ、ずり落ちを防いでいます。

どこかを着くずしたら、どこかはきっちりする。それが大人の品性です。

「唐突」と「アクセント」は違う

【法則】24

新しいアイテムを投入した場合、全体のコーディネートの中に唐突感が生まれることもあります。その違和感をそのままにせず、着こなしの中に「仲間」を増やしていきましょう。

「え？　これをここにもってきたの？」と思うような、意外性のあるアイテムが投入されたコーディネートを見ることがあります。そのときの私の気持ちはだいたい2パターン。「ちょっと唐突なんじゃないの？」という違和感か、「そうきましたか。なるほど、いいアクセントですね」という称賛です。

「唐突」と「アクセント」。この2つの違いはどこにあるのかというと、そのアイテムだけが浮いているかどうかです。

たとえば「明るい色に挑戦したい！」と、ピンクのロングカーディガンを着たとします。ほかは白いシャツと黒いパンツに黒い靴。コントラストが強すぎて、カーディガンの色だけが浮き立って見えてしまいます。これが「違和感」です。

ここで「仲間」を加えましょう。ピンク色のロングネックレスや、ピンク色がまじったストールを胸元に垂らしてみるのです。できたら、足元の靴もピンクにそろえられればベスト。ピンクの縦ラインができて、全体に統一感が生まれます。

「仲間」は色だけに限りません。アイテムのもつテイストで「仲間」をつくるという方法も、ぜひ覚えてください。

カシミアのロングコートにセーターといった上品コーデの中に、ロールアップされたデニムパンツをはいてみたとします。ここに上品系のパンプスを合わせてしまうと、デニムだけが「唐突」になります。

そこで、足元をタイツとひも靴にしてマニッシュにしてみると、カジュアル寄りの「仲間」ができます。さらに、セーターの下に薄手のパーカーを着てフードをコートのえり元から出したりすると、カジュアルの「仲間」がさらに増えます。そこでリユックまで背負うと、カジュアル感が強くなりすぎて、カシミアのコートのほうが唐突に思えてきます。今度は上品寄りの「仲間」を増やすために、足元をヒールのあるエナメルのパンプスにチェンジ！

こんなふうにアイテムを少しずつかえていくことで、全体の雰囲気も変わっていきます。これこそがコーディネートの面白さだと思うのです。

chapter 4

「着やせ」ができれば、あかぬける

自分を知らずに、着やせはできない

【法則】25

着やせ。それは自分の弱点を目立たなくして、長所を際立たせることで成立します。なのに、自分の弱点を誤解している方、長所を理解していない方が少なくありません。

「やせて見える服」は、魔法の服ではありません。どんな服を着たって、もともとの体型は変わらないのです。私の体、あなたの体はそのままで（もちろん、今日からダイエットするのもアリですが）、弱点をカバーし、長所を際立たせて素敵に見せることを「着やせ」といいます。

その第一歩は、自分の体を客観視することです。怖い？　怖いですよね（笑）。それでもやりましょう。大人ですから。

やり方は、全身鏡の前に立つだけ。上半身だけでなく、下半身も含めて、全身を見ましょう。正面からだけでなく、横からも、斜め後ろからも見るのです。

長く自分とつき合っているせいで、私たちはみな「自分がいちばんよく見える角度」を知っています。鏡を見るときにはその角度で立つし、横を向くときには腹筋に力を入れるし、メイクの仕上げにはお気に入りの表情をします。

いまの私たちに必要なのは「他人の目」です。少し突き放した目で自分を見るのは、悪いことばかりではありません。弱点だけでなく、長所にもちゃんと気づけるからです。

ある方は、「おなかが出ていると思っていたけれど、実はそこまでじゃなかった。問題はヒップと太ももだったんだ！」と話してくれました。彼女はおなか回りを気にするあまり、いつもふんわりしたチュニックを着ていたのです。バランスを考えてパンツはスキニータイプにしていたため、本当に気にするべきだった、太ももとおしりを、逆に目立たせてしまっていたのだそうです。そんな勘違いの例は、枚挙にいとまがないと思います。

偉そうに言いますが、私だって同じです。衝撃を受けたのは20年以上前、初めてテレビに出たときのことです。雑誌とは違い、3次元でさまざまな角度から映る自分をテレビの画面で見たとき、「テレビの中にお母さんがいる」と思いました。猫背な感じが、自分の母とそっくりだったのです。

自分のことをいちばん知らないのは自分だといわれています。それはみんないっしょ。でも少し意識するだけで、見えてくるものは数多くあります。

「隠す」のではなく「錯覚させる」

【法則】26

着やせとは、気になる部分を隠すことだと思いがちですが、隠そうとしすぎると逆に強調する結果になることも。見てほしい部分に視線を誘導させることが着やせのカギです。

ボリュームのある部分を隠すことは、着やせの基本です。でも「隠す」のは着やせの50％でしかありません。残り50％は、視線を細く見える場所に誘導して「錯覚」させること。この両方を使わなくては、着やせは成功しません。

隠すだけではなぜダメなのでしょうか。それは、いちばん太い部分の入る洋服で、全身を覆うことだからです。大きな布で全身を覆っているので、「かたまり」あるいは「太い筒」になってしまいます。おなかのふくらみは隠せても、おなか以外の細い部分まで太って見えてしまっては、まったく意味がありません。

どこかを隠したら、どこか細い部分を見せなくてはいけません。視線をそこに誘導することで、錯覚を生むのです。それこそが、着やせのテクニックです。

〈ラインで錯覚〉スリムに見せるうえで欠かせないのが、全身のバランスづくりです。ヒップやウエストといったパーツに固執するのではなく、頭からつま先までの形を美しく整えることですらりと見せるのです（↓法則27～29）。

〈色や柄で錯覚〉黒は「着やせ色」といわれますが、黒単体でまとめても細くは見えません（↓法則12）。色や柄の中に黒を効果的に配することで、それがアクセントになって目の錯覚を生みます。柄も、小花模様のような地味な柄では錯覚効果はありませんが、大胆な花柄や幾何学模様は目くらまし効果があります（↓法則14）。柄の中に黒が入っていて、ほかのアイテムも黒でそろえると、引き締め効果が高くなります。

〈デザインで錯覚〉シンプルでベーシックなアイテムは、体のラインをあらわにします。デザイン性の高いアイテムを選ぶことで、違和感なく体型カバーができるのです（↓法則17）。

〈細い部分を見せて錯覚〉体の中の「長所」に当たる部分をきれいに見せるコーディネートをつくることで、気になる部分から視線をそらし、すっきり見せることができます（↓法則30）。

大まかにはこんなところですが、「大人のおしゃれ＝着やせ」でもあるので、本書のすべてのアドバイスは着やせにつながるものと思ってください。

Iラインは、失敗ナシの究極の細見えコーデ

【法則】27

着やせして見えるラインの代表がIライン。全体を縦長のシルエットにするために、縦方向のラインを洋服やアクセサリーでつくります。小柄さんでも背が高くほっそり見えます。

Iラインはその名のとおり、細い1本の棒を目指して「縦のライン」をつくるコーディネートです。着やせコーデの第一選択肢ともいえるラインで、どんな体型の人でも実践しやすいのが魅力です。

Iラインの基本テクニックは3つ。①トップとボトムを同じ色でつなげる、②広がりのないアイテムを選ぶ、③縦のラインをつくる。

たとえば、ストンと落ちるタイトな形のネイビーのワンピースに、同系色のタイツと靴を合わせるとIラインができます。でも、これだけではネイビーの面積が大きくなって「ひとかたまり」にも見えるので、さらに縦長になるような工夫が必要です。アクセントカラーのストールやロングネックレスを垂らしてみましょう。縦のラインが加わって、すっきりして見えますね。

あるいは、中のワンピースと反対色（コントラストカラー）のロングカーディガンやロングジャケットを重ねるのもおすすめです。前ボタンは留めません。そうすると、中のワンピースが縦長に切り取られて見えるので、細長く見えます。

Xラインは、メリハリ感で華奢に見せる

【法則】28

ウエスト部分をキュッとしぼって、バストとボトムにボリューム感を出すのがXライン。メリハリのある女性らしいボディラインが、華奢さをも感じさせてくれます。

ずんどうで、おしりが大きい日本人体型を、じょうずに隠してくれるのがXラインです。Xラインの基本テクニックは3つ。①上半身をコンパクトにする、②ウエスト位置をマークする、③ボトムはボリュームがあるけど、おなか回りが膨張しすぎないものを選ぶ。

ウエスト位置をマークすると「おなかが目立っちゃう」と思うかもしれません。でも、胴体の中でウエストはもっとも細い部分。ここが少しでも締まっていると、腕と体の間に空間が生まれ、スマートさを感じさせるのです。強くベルトを締めたりしなくても、トップをコンパクトにして、ボトムの色とコントラストをつければ、おのずとXラインがつくれます。

ボトムにはボリューム感が必要ですが、腰回りのふくらみは抑えぎみにしましょう。すそに向かって広がるデザインを選ぶとすっきりしますね。

Xラインは「甘め」なシルエットなので、洋服の色や靴に「辛さ」をプラスすると若々しい着こなしに仕上がります。

Aラインで、おなかもおしりもカバー

【法則】29

すそがふわりと広がった、テントのようなトップを使ったコーディネート。おなかや背中のラインを拾わないので、気軽に体型カバーができます。

おなかがぽっこりしていておしりが大きい、背中のラインが丸くなってイヤ。そんな人におすすめなのがAラインです。すそに向かって広がる円錐形のトップに、細めのパンツを合わせるスタイルです。気になる体幹部をカバーしつつ、女性らしいきれいなラインをつくってくれるのです。

Aラインの基本は3つ。①体に密着しない、はり感やサラサラ感のある素材、②ヘムライン（すそ）に遊びがあるなどデザイン性が高い、③ボトムは細め。

Aラインのトップは、慎重に選ぶ必要があります。生地が薄いと動くたびに体のラインを拾ってしまいます。すそがおなか回りで一直線に切れていると、いちばん太い部分で分断されるので、視線がそこに集まります。逆に、すその長さが一定でないなどの遊びがあると、目くらましの効果が期待できます。

ボリュームが下に出てしまうAラインは、帽子をかぶったり、大きめのアクセサリーを首回りにつけるなどして、視線を上にもってくることも、すらりと見せるうえではたいせつです。

3首マジックで、すぐに細見せ

【法則】30

あなたの体の中でいちばん細い部分はどこですか？　人と比べるのではなく、自分の中で比較したとき、首、手首、足首は絶対に細いはず。この3首をきれいに見せるコツがあります。

気になる部分をカバーする一方で、ほっそりした部分を強調することが大切です。「体の中に細い部分なんてないです」とおっしゃる方が多いのですが、二の腕よりは、手首のほうが細いですよね。ふくらはぎより足首のほうが細いし、胴体に比べたら首のほうが、断然細いのです。他人の手首や足首と比べるのではありません。自分の中で比べるのです。

この「細い」部分を使って着やせ効果を上げるのが、3首マジック。もっとも簡単な方法は、シャツやパンツのすそを折り返して、手首や足首を見せることです。洋服を着た状態より断然細いのですから、視線の誘導先には最適です。手首に大きめのシルバーや革のバングルをつけると、華奢に見える効果があります。

首回りは、デコルテを見せると全身がほっそりして見えます。といっても、ぐるりと大きく開いていては、首のしわも筋も丸見えです。シャツの胸ボタンを開けてVゾーンを深くしたり（↓法則7・32）、ボートネックで首から肩のラインをきれいに見せるのがおすすめです。

ウエストもたいせつな、4つめの「くび」

【法則】31

気になるおなかは、トップでふんわり隠すことが基本ですが、「ここがウエストです」のサインがあるだけで、スマートに見えるということも覚えておいてください。

3首をきれいに見せるのは着やせの基本ですが、体にはもうひとつの「くび」があります。「くびれ」ともいいます。それがウエストです。

「ずんどうで、くびれなんてありません！」と思うかもしれませんが、意識的にボディラインを「つくる」ことはできます。Xライン（↓法則28）がそのひとつですが、そこまで気合を入れなくても、ロングカーディガンの背中に共布のリボンが結ばれているくらいでも「くびれ」を感じさせることはできます。ワンピースの柄が、腰の部分で切り替えられていれば、それも「くびれ」です。ブラウスのすそがレイヤードになっていて、ウエスト位置で重なり合っていれば、それも「くびれ」。着やせは目の錯覚といいましたが、デザインや柄、布地の変化、色の切り替えなどをじょうずに利用すれば、おなかに力を入れてウエストを締めなくても、ウエストマークはできるのです。

年齢を重ねて「筒型」になっていく体だからこそ、「ここにウエストがありますよ」という、ささやかなアピールはしていきたいものです。

バストが大きい人は、胸元に斜めラインを

【法則】32

背中や肩に丸さが加わってくると、もともとバストが大きかった方は「上半身だけ太っている」と見られがち。そんなときは、胸元に斜めラインをつくるとすっきりします。

横の線は太って見えるから避ける、というのは着やせの常識とされています。「だから縦がいい」というのはそのとおりなのですが、私はもうひとつ「斜め」を忘れてはいけないと思います。

着こなしの中で、斜めのラインはどこにでもつくることができます。ゆるくストールを巻いて斜めのラインをつくったり、すそに斜めの切り替えの入ったデザイン性の高いシャツを選んだりもできます。でも、着やせの面で効果的なのは上半身、とくに胸のまわりにつくるVゾーンです。

シャツやカーディガンのボタンを3つくらいまではずして着れば、胸元に深いVゾーンができます。シンプルな丸首セーターでも、大きなペンダントトップのついたネックレスをぶら下げればVゾーンがつくれます。とくにおすすめなのは、バストが大きい方たちです。年齢とともにアンダーバストが広くなっていくのが女性の常ですが、バストが大きいと太って見えてしまうものです。そこに斜めのラインが入ることで分断されて、薄さを感じさせます。ぜひお試しを。

姿勢と下着で着やせ効果は倍増

【法則】33

洋服による着やせ効果を高めることもたいせつですが、もともとのボディにも少しだけ手を加えてみませんか？　ダイエットしろとは言いません。姿勢と下着、この2つです。

着やせ効果の高いコーディネートをしても、「うーん、なんだかうまくいかない」と思うことがあります。その原因のひとつが下着です。とくにブラジャー。

年齢とともにバストトップの位置が下がり、背中にお肉がのってくることで胸囲が広くなります。体の変化を無視して若いころと同じようなブラジャーをつけていると、胸回りがきつくなります。わきの下や背中に段差ができてしまうこともあります。

だからといって、「もうブラは卒業」とばかりにブラジャーをつけなくなると、上半身のラインがだらしなくなってしまいます。

大人世代の体型を理解してつくられた、圧迫感の少ないブラジャーがおすすめです。下着売り場で相談すれば、胸元をきれいに見せてくれるものを提案してもらえるはず。ボディメイクの段階ですっきりしていれば、着やせコーディネートは何倍もの効果を発揮できます。

もうひとつたいせつなのは、姿勢です。

私は60代、70代のプロモデルさんともお仕事をします。彼女たちの美意識から教わることは本当に多いのですが、先日あることに気がつきました。彼女たちは撮影の合間の立ち話のときでも、けっしてベタ足で立たないのです。片足に重心をかけた、いわゆる「モデル立ち」です。モデル立ちをすることで、背筋はすっと伸び、体幹部の筋肉には負荷がかかります。立ち話も筋トレなのです。

先日私のショップで、長年のおつき合いのあるモデルさんに歩き方講座を開いていただきました。彼女は常に肩甲骨を寄せることを意識して、手を後ろに振って歩くのだそうです。手を後ろに振る！　驚きました。実践してみると、背筋が鍛えられる感じがします。自分がいかに猫背で歩いていたかにも気づかされました。

美しい姿勢を保つだけで、体は鍛えられます。筋肉が宿るのです。フィットネスジムに通ったり、毎日ウォーキングするのは難しくても、下着を整え、立ち方や歩き方を変えることならできそうではありませんか？

体が変わったら、おしゃれはますます楽しくなると思います。

chapter 5

「小物づかい」がおしゃれの決め手

3メートル離れて見えないアクセサリーは、つけない

【法則】34

アクセサリーはけっしておまけではありません。コーディネートの方向性を決めてくれるのもアクセサリーの役目。存在感のある大きなものをひとつ、大胆につけてみて。

存在感のないアクセサリーは、つけなくてもいいとさえ思っている私です。極端な言い方かもしれませんが、「3メートル離れても見える」ことが、私の選ぶアクセサリーの条件です。

アクセサリーは、「おまけ」ではありません。コーディネートにおいては、ブラウスやパンツと同じくらいの価値をもっています。だから、素材は必ずしもリアルジュエリーでなくてはいけないと思っていません。コーディネートの方向性をどう変化させてくれるかがポイントだからです。きちんとしている人と思われたいのか、華やかな人と思われたいのか、モダンなセンスの持ち主と思われたいのか、その方向性を決めるのがアクセサリーです。

そんなファッション性を重視したアクセサリーは、デパートの宝飾コーナーにはあまり売っていません。ファッションメーカーが洋服デザインの延長として作っているものが多く、各ブランドの店舗やセレクトショップなどで見かけます。リアルジュエリーではなく、アクリルやプラスチックなどが使われているので、

「コスチュームジュエリー」といわれています。洋服を引き立たせるデザインで、大ぶりで存在感のあるものが多いのもうれしいところです。

貴金属ではありませんが、ある程度のお値段はします。「ブラウスに2万円は出すけど、宝石でもないビーズやプラスチックのブローチに1万円は出せないわ」と思うかもしれません。でも、そのブローチひとつで、シンプルな黒いセーターが表情をもち始めるのです。「あなたらしさ」をまとうのです。あのブラウスも、このワンピースも、違う輝きを放ちます。コーディネートの価値を上げるのです。

アートな作家の方の想いに共感し、装いに遊び心を加えてみる。大人ならではのおしゃれの楽しみだと思います。

そしてこういうアクセサリーは、あまり多く作られていません。特に作家ものはほとんど一点もの。「いいな」と思ったものはその場で買うことをおすすめします。出合いは一度きり。必要なのは、勇気と勢いです。

まずはネックレスをつける習慣から

【法則】35

存在感のあるネックレスをつけてみたくても、「重くてムリ」という方もいるかもしれません。でも、コスチュームジュエリーはどんどん軽くなり、扱いやすくなっているのです。

さまざまなアクセサリーの中で、もっとも身近なのはネックレスかもしれません。でも、少し縁遠くなってしまった、という方は少なくありません。理由をうかがうと、「重くて肩が凝るのよね」とおっしゃいます。

華奢な鎖にペンダントヘッドがついた、プチネックレスくらいなら負担ではないかもしれません。でも、気がつけば繊細なアクセサリーは似合わなくなっています。大人世代に似合うのは、ボリューム感のあるネックレスです。大きな粒だったり、何重にも巻けたりするネックレスは、年齢の出やすいネックラインをカバーし、華やぎを添えてくれます。

「でも、大きいってことは、重いんでしょ?」。いえいえ、ボリュームがあるからといって「重い」とは限りません。最近はアクセサリーの世界でも、新素材が積極的に使われるようになってきました。見た目は重厚なのに、持ってみると驚くほど軽いものがたくさんあります。

その代表が、すっかり定番になったコットンパールです。つや消しの光沢が上品で合わせやすく、大粒のものが多いので、胸元に十分なインパクトを与えます。しかも軽い。リアルパールではありえない軽さに驚かされます。同じように、軽量プラスチックなどを利用した、アート感のあるネックレスも増えてきました。手が届きやすい値段のものも多いので、洋服を選ぶ感覚でそろえる楽しさがあります。

「でも、コスチュームジュエリーはなんとなく安っぽくて……」とおっしゃる方もいますが、それこそ古い感覚ではないかと思います。意識すべきは、それをつけることでおしゃれに見えるか見えないかです。洋服もそうですよね。すべてがカシミア、すべてがシルク、なんてことはありません。それぞれの持ち味を毎日のコーディネートに生かすためには、何を選ぶかということです。

最初のきっかけは、やはりネックレスがいいと思います。長さも素材もバリエーションも豊富ですし、トレンドを取り入れたものが多く出回っています。プリーツ生地で作られたネックレス、プラスチックやアクリルなどのネックレスやブローチを私は愛用しています。

優秀ブローチを味方につける

【法則】36

ブローチ、使っていますか？　昭和の名残の工芸品的なブローチでも、式典のときのコサージュでもありません。えり元で存在感を発する個性派ブローチを、ぜひ試してみて。

アクセサリーの中でもブローチは非常に優秀です。ブローチがひとつあるだけで、丸首もタートルネックも、きりりと個性的な顔つきになるのです。

ブローチといっても、昔テーラードジャケットのえり元につけていたような、上品なこぢんまりしたものではありません。もっと大きく、もっと個性的なブローチです。現在は、メタリック、ビーズ、アクリル、シフォン、コットンパールなど、素材のバリエーションが豊富で、デザインもユニークなものが増えています。できれば直径5センチ以上のものがいいですね。

つける位置は、胸元ではなくえり元です。極力、顔の近くに。なぜなら、ブローチが顔の近くにあることで、顔色に明るさと華やかさを添えるからです。大人世代が選びがちな、暗い色のトップならなおのこと効果的です。逆に胸元につけてしまうと、落ち着きすぎて老けた印象になってしまいます。

「胸元でないとバランスが悪い」と思うかもしれませんが、だからこそ目立つのです。「普通」にすると老けてしまう大人世代にとって、バランスの悪さは魅力でもあります。それでもバランスが気になるなら、反対側の手首に大きなバングルをつけてみてはいかがでしょうか。全身トータルでバランスが整います。

あるいは、シャツのボタンを全部留めて、第1ボタンの上にブローチを飾ると、収まりのいい位置で落ち着きます。ネクタイの結び目がくるこの位置は、センター中のセンター。遊びのあるブローチがこの位置にあることは逆に新鮮なので、バランスがよくても「普通」にはなりません。

ネックレスもいいのですが、広めのボトルネックやドレープの入った胸元など、首や胸をカバーしてくれるネックラインには、ネックレスよりブローチのほうが合わせやすいものです。

こんなに優秀なブローチなのですが、残念なことに、ブローチを扱うお店があまり多くありません。新時代のブローチブームがきてくれることを祈っているのですが、いかがでしょうか。

同色で光を足し、コントラストカラーで色を足す

【法則】37

新時代アクセサリーの初心者さんは、「白い洋服に白いネックレス」という同色の組み合わせから始めてみるのがおすすめです。慣れてきたら色のついたアクセサリーに挑戦を。

アクセサリーは、足し算の美学です。ネックレスやブローチを物理的に「足す」だけではありません。

アクセサリーは、色か光のどちらかをプラスするもの、と私は考えています。

光を足すというのは、洋服と同色のアクセサリーを加えることで実現します。白いシャツのえり元に大粒のコットンパールのネックレスを。黒いニットに、黒い革ひものネックレスを何本も。色は同じでも、ネックレスはけっして目立たなくはなりません。洋服とネックレスの素材感は異質ですから、洋服の上で「光」となって、その存在を主張します。

アクセサリーは大きいものを、と「法則34」でお話ししましたが、最初のうちは勇気が出ないかもしれません。そんなときには、小さなアクセサリーにするのではなく、このような同色アクセサリーを試すのがいいと思います。悪目立ちすることなくアクセサリーの任務を果たすので、その実力が実感できるはずです。「光を足す」ことに慣れたら、今度は「色を足す」ことに挑戦してみてください。

無地のトップに、反対色のネックレスを重ねてコントラストの違いを楽しむのはアクセサリーの醍醐味です。黒のニットにゴールドのネックレスはその代表ですね。もう少し大胆に、赤や黄色のアクセサリーに挑戦しても素敵です。おもちゃのような原色を選ぶのではなく、つや消しのプラスチックや、シルクボールをつないだものなど、優しい色合いを選ぶと使いやすいでしょう。

大人世代におすすめしているのは、ターコイズ（トルコ石）です。空色の明るさをまといつつも、天然石ならではの奥深さもある石です。ターコイズビーズのネックレスを何重にも巻きつけるだけで、なんてことないモノトーンの洋服がモダンで洗練されたイメージに変化します。エスニック風なのに、意外とナチュラルに収まるのもうれしいところです。

そんなふうに、ネックレスに存在感があれば、それ以外のアクセサリーは極力抑えましょう。一点豪華に飾るのが、大人の品というものです。

黒アクセサリーは、どんな洋服にもなじむ万能選手

【法則】38

黒のアクセサリーを持っている方は少ないと思います。でも黒は、どんなトップにもなじみがよいので使いやすく、強くもフェミニンにも見せてくれる万能選手なのです。

私は黒のアクセサリーが大好きです。使っていただければわかるのですが、何色の洋服とも相性がいいのです。

「派手すぎるかしら？」と思うような柄もののブラウスやワンピースに、ボリューム感のある黒のネックレスをつけると落ち着きを取り戻します。また、胸元に黒のロングネックレスがあるだけで、黒い靴と黒い髪の毛との連続性をつくることができて、縦長の着やせラインが生まれます。

黒のアクセサリーは、黒い洋服に合わせてもとても素敵です。「法則37」でもお話ししたように、黒い洋服に光を足す役割を担ってくれるのです。黒1色の着こなしをするなら、全身の黒の素材感をかえることはとてもたいせつ（↓法則12）。黒のアクセサリーの素材感は、洋服の黒とはまったくかぶりませんから、黒1色に奥行きを与えてくれます。

これから買うのであれば、アート感覚のあるデザインがおすすめです。黒という色のもつシャープさで、甘くなりすぎるのを抑えてくれるでしょう。

ネックラインとネックレスは、平行にしない

【法則】39

ネックレスはその名のとおり、ネックラインを飾るアクセサリーです。トップのえりの形によって長さやつけ方をアレンジして、「なんとなくつけました」感を回避しましょう。

丸いえり首の内側に、短めのラウンドタイプのネックレスをつける——これは、昭和の奥様にありがちの「おめかし」でした。ネックラインとネックレスを同心円状につけるのが、「アクセサリーのつけ方の基本」と思われているとしたら、私は少し不満です。首が短く見えるし、洋服のイメージに変化を与えてくれません。

洋服の内側にネックレスを入れるなら、ネックラインは断然Vネック。Vゾーンを深く開けて空間をつくり、内側に大粒のネックレスを入れたり、ロングネックレスを何重にも巻いて入れてもいいですね。

丸えりやボートネックなら、ロングタイプが絶対におすすめです。ペンダントトップが大きいものなら、その重さで胸元にVゾーンができて、顔回りをシャープに見せる効果も生まれます。

ネックラインに飾りや工夫がある場合なら、ネックレスはじゃまになるので、大きめのイヤリングやバングルなどに活躍してもらいましょう。

ネックレスやブローチで、視線を高く上げる

【法則】40

アクセサリーは、着やせ効果を上げるうえでも役に立ちます。そのはたらきのひとつに、「相手の視線を上にもってくる」があります。アクセサリーは戦略的に配置しましょう。

アクセサリーに「着やせ効果」があることは、ここまででも重ねてお話ししてきました。ロングネックレスでIラインをつくる、重量感のあるペンダントでVゾーンをつくる、大きなバングルで手首を華奢に見せる……。そしてもうひとつのたいせつな役割は、「相手の視線を上半身に誘導する」ということです。おなかやヒップといった下半身は、どうしても自信がもてないものです。そこから視線をはずし、高い位置にもってくるには、帽子やストール、そしてアクセサリーをつけるのが効果的なのです。

大きなブローチがひとつえり元にあれば、視線はぐっと上に上がります。ネックレスなら長く垂らすよりも、首回りにボリュームを出すほうが効果的です。「視線を上に上げたいけれど、ロングネックレスでIラインもつくりたい」という場合は、ショートタイプのネックレスも交えて2本使う方法もあります。さらにインパクトを狙うなら、えり元にブローチ、胸元にロングネックレスを使うやり方も。2つ以上のアクセを使う場合には、色に統一感をもたせるといいでしょう。

ストールは、たたまずに巻く

【法則】41

日本人は、ストールやスカーフをきれいに折りたたんで、きっちり巻くのが大好きです。きれいな形が保てるのはいいのですが、ふんわり巻いてずり落ちそうなのも魅力的です。

コーディネートにアクセントを「足す」という意味では、ストールも頼れる存在です。色も柄も素材もサイズも豊富なうえに、大きく覆うことでポイントに使うこともできます。役割も多様で、顔色をきれいに見せたり、胸元にVゾーンをつくったり、洋服と靴を縦につなげたり、目線を上に上げてくれたり、1枚で何役もこなしてくれる名バイプレーヤーなのです。

スタイリングするうえで使いやすいのは、縦横どちらも100センチ以上の大判のものです。量感はあっても素材がしなやかで、二重にしてもかさばらない、軽やかなものがいいと思います。

柄行きは、多色使いのものがおすすめです。明るい色の柄がメインなら、どこかに黒が入っていると洋服との連動性が高くなり、引き締まります。ダークトーンの柄が中心なら、部分的に白が入っていると顔に明るさが添えられます。

では、そのストールをどう巻くのがいいのでしょうか。それは目的次第です。ストールで縦長のラインをつくりたいのであれば、ラフに首にかけて垂らすだけでもかっこいいものです。胸元にVラインをつくりたいのであれば、首にふんわり一重巻きに。首回りは胸に向かって少し引き下げ、左右の垂らし部分には長短をつけると、きれいな斜めのラインがつくれて着やせ効果も狙えます。

いずれの使い方でも、折り紙みたいに丁寧にたたもうとしないことです。きっちり巻いて、きっちり結ぶと、キャビンアテンダントさんのよう。それはそれできれいなのですが、大人世代にはきまじめになりすぎます。ストールは斜めに軽く折り、空気を包むようにふんわり巻くのが素敵なのです。

「ずれたり、ほどけたりしませんか？」と聞かれますが、ずれますし、ほどけます。それをハラリと首にかけ直したり、指先で触れたり、巻き直して違う柄が見えてきたりする、そんな動きこそがストールの魅力だと思うのです。

ヨーロッパの女性たちは、ストールを扱うしぐさがとても美しく、見習いたいなぁといつも感じます。日本だって、もともとは羽衣の国。布をふんわりと扱うのは得意だと思いますから、天女の気分でがんばりましょう。

帽子に慣れると、おしゃれ度は急上昇する

【法則】42

小物の中でもハードルが高いもの、それが帽子かもしれませんね。でも、夏の暑い日や冬の極寒の日には、実用品として使っているはず。その延長で帽子を選びましょう。

おしゃれ度を上げるのに、帽子はとても便利な小物です。全身のバランスをつくりやすくなるからです。

スタイリストの目で日本人を見たとき、黒い髪の毛は少し不便です。黒い色が頭のてっぺんにある（しかも、かなりの割合を占めています！）ことで、そこが〝重し〟になってしまうからです。明るい色の洋服を着て、足元を白い靴でつなげても、頭は真っ黒。首から上が分断されているようにも見えます。当然のことのように、この真っ黒をなんとかしたい！と思ってしまうのです。

そんなとき、帽子は救いです。黒髪という重しを取り除いたうえに、コーディネートに必要な色をプラスできるのでとても便利です。たとえそれが黒い帽子であっても、麦わらや綿といった素材の軽やかさがあるので重しにはなりません。

「帽子はハードルが高くてムリムリ」と思うかもしれませんが、夏になればUVケアの折りたためる綿の帽子をバッグに忍ばせていませんか？　寒風吹きすさぶ冬の日には、あたたかなニット帽で防寒することがありますよね。

まずは、実用品としての帽子をどんどんかぶってください。そのとき、帽子をかぶった全身の姿を鏡で見てくださいね。帽子をかぶった姿を見続けるうちに、スタイルをどうつくっていけばいいかがわかってきます。「こんな帽子が欲しいな」と思えるようになったら、帽子を実用からおしゃれにランクアップさせていきましょう。

夏は、ブリム（つば）が大きめの麦わら帽子などが合わせやすいでしょう。ブリムを折り曲げて調節できると、かぶり方のアレンジも増えます。冬はベレー帽もいいですね。でも、大人っぽくかぶるのは難しいものです。鏡を見ながら、前髪とサイドの髪の毛をどの程度出すか、じっくり研究してからかぶることをおすすめします。

習うより慣れろ、はおしゃれの常識。帽子もかぶり続けているうちに、どうかぶれば自分らしいのか、どんなものを選べば使いやすいのか、だんだんわかってくるものです。

バッグはブランド品にこだわらない

【法則】43

ブランドバッグのもつ高級感や品質のよさは貴重ですが、その一方で、軽くて実用性があり、しかもおしゃれなバッグもあります。高ければよい、というわけではありません。

年齢とともに、バッグの重さがつらくなってきます。大きな革のバッグに荷物をまとめると、かなりの重さになってうんざりします。だからといって、小さなハンドバッグだけで出かけると、最終的には紙袋や布バッグをいくつも抱えて歩くはめに……。

しっかりした革のバッグは、フォーマルな場面や、少し気どった場面用に取っておき、日常のお出かけは、荷物がたくさん入れられる、軽いナイロン素材のトートバッグにかえてみませんか？

ただし、何でもいいわけではありません。「手提げ袋」や「エコバッグ」に見えるようなものは厳禁です。バッグは体に対して占める割合が大きいので、安っぽいものを持つと、おしゃれが台なしになってしまいます。

本体がナイロンでも、持ち手やジッパーの引き手などに、部分的にレザーや合皮革が使われていると高級感が出ます。持ち手は肩にかけられるような、長めで柔らかいものが便利です。

色は、つい黒を選びがちですが、アクセントになりにくいのが難点です。私が便利だと感じるのは、シルバーやブロンズといった光をまとう色です。これなら、どんな色の洋服やコートにも合いますし、パッと目を引くアクセントとしての存在感も十分。黒を選ぶ場合には、マットなものではなく、表面がエナメル加工してあるなど、質感に個性を感じられるものがいいと思います。

洋服のアクセントカラーになる色のバッグを持つと、コーディネートに華やぎを添えます。洋服のベースカラーが黒・グレー・ネイビー・白というラインであれば、ロイヤルブルーやきれいなピンクのバッグが合いますね。ベージュ・茶・カーキといった色のラインであれば、水色や黄色、ゴールドのバッグを選んでみてください。

荷物が少ない場合には、斜めがけのショルダーバッグを使うのはいかがでしょうか。面積が小さくアクセントになるので、ここに差し色やアニマル柄などをもってくると、全体がキュッと締まってかっこよくなります。

柄タイツは「おケガですか？」に見えないものを

【法則】44

足元を若々しくするにはナチュラルストッキングからの卒業が必須です。カラーや柄入りのタイツをはいて靴につなげると、とたんに「いま風」になるのですが、柄選びは慎重に。

ナチュラルストッキングにパンプスを履くと、足首が細く見えます。でも、年齢とともにヒールがどんどんつらくなるので、靴はペタンコになります。そうなると、ナチュラルストッキングの足首はとたんに太く見えるのです。しかも足首あたりにしわが寄るので、一気に老けた印象になります。

フラットシューズに合わせるなら、タイツにしましょう。靴とボトムを同系色にして、それをつなぐ濃い色をタイツにもってくると、脚が細く見えるのです。無地ばかりでなく、ストライプやヘリンボーン（斜めの線を互い違いに組み合わせた模様）などの柄入りも試してみるといいと思います。「斜め」のラインは目の錯覚を生み、細さを感じさせてくれます。

気をつけたいのは、ペイズリーや幾何学模様などの連続性のない柄。脚ばかりが悪目立ちすることがあります。先日電車の中で、ベージュの地色に茶色のペイズリー柄のタイツをはいた女性を見かけたのですが、思わず「ケガをしているのかしら」と驚きました。目の錯覚は、着やせ効果としてのみ使いたいものです。

ヒールがつらくなったら、おしゃれの見直しを

【法則】45

ヒールのある靴が履けなくなったからといって、そのままペタンコ靴にかえればいいというわけではありません。おしゃれの方向性の切り替えを求められているのです。

パンプスにナチュラルストッキングという組み合わせが難しくなったからといって、単純に「パンプスをペタンコ靴やウォーキングシューズにかえる」というわけにはいきません。「法則44」でお話ししたように、ペタンコ靴にナチュラルストッキングを合わせるのは難しいからです。靴が変われば、靴下だって変わらざるをえません。靴と靴下が変わればボトムが変わり、ファッションの方向性そのものも変わるのです。

本書の中で、私はずっと「大人世代は、おしゃれの価値基準を見直しましょう」と語ってきました。でも、いったい何歳から?

それは、ヒールをやめたころからではないかと思います。このとき安易に「楽な靴」を選択してしまうと、合わせる洋服がなくなって、おしゃれから遠ざかってしまいかねません。

ヒールをやめたら、次の靴を探してください。靴にも旬がありますから、その時期のトレンドの中から、歩きやすいフラットヒールのものを選ぶのです。

私のおすすめは、プラットフォームといわれる、傾斜のない厚底のひもで結ぶタイプです。足への負担が少なく、楽な上におしゃれ。メンズライクな印象がありますが、素材やデザインで印象が変わります。エナメルやシルバーなど光を感じさせる素材は、女性らしさもプラスされ素敵です。ラバーソールのスニーカーなども、スポーツシューズ感が薄くてコーディネートしやすい靴のひとつです。

最近気になるのは、個性的なスリッポンです。サボみたいなデザインなのに、エナメル素材でモダンに見えるものや、ラバーソールでスポーツタイプのようなのに、表面にキラキラ光るビジューがついているものなど、デザイン性の高いスリッポンが増えています。一見「ちょっと派手？」と思うのですが、履いてみると案外しっくりくるものです。

色を選ぶときには、シルバーや白といった明るめの色も選択肢に入れてください。黒やネイビーに負けず、どんな洋服に合わせても違和感がありません。白と茶、白と黒といったバイカラーも、着こなしのアクセントに最適です。

TRENDトレンドとの向き合い方

★

トレンド服を着こなす知恵

「トレンド」とは「流行」という意味です。

昔のように「今年はこの洋服を着なくちゃかっこ悪い」というほどではなくなり、若い人たちも「流行を追いかける」というよりは、「流行を知っている・感じている・取り入れている」という着方をします。

私たち大人世代もそれをまねして、流行のアイテムは部分的に投入していきましょう。ビッグシャツを着るならボトムは着慣れたイージーパンツを合わせる、トップが手持ちのニットならパンツはワイドタイプにする……そんなふうに、トレンドは安心服に加えて取り入れると無理なく着こなせます。

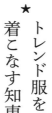

TREND

トレンドとの向き合い方

★★

「はずし」「ぬけ」「遊び」の違い

「はずして着る」「ぬけ感をつくる」「遊びのあるデザイン」などの言葉は、本書にも何度も出てきます。これこそ昨今のファッショントレンドを示すキーワードです。

【はずし】そのままのイメージで着ない、ということ。スカートにパンプスは当たり前ですが、スカートにソックス＋スニーカーを合わせると「はずし」になります。

【ぬけ】着くずす、に近い意味です。すそをロールアップしたり、そでをまくったりして、洋服が「ぬける」場所をつくります。

【遊び】面白みのあるデザインや組み合わせなどを「遊び」といいます。

TREND

トレンドとの向き合い方

★★★

ブランド品にもトレンドはある

上から下までハイブランドでそろえ、その中にすっぽり体を入れるのがトレンドだった時代もありましたね。でもいまは違います。私たちはもう「ブランド品は一生もの」という言葉が嘘だということも知っています。ブランド品にもトレンドがあり、同じスピードで賞味期限は切れるのです。「あんなに高かったのに」と思うとくやしいですが、そのときの満足度の高さを思ってヨシとしましょう。ブランド信仰を捨てても、私たちを輝かせるものは数多くありますし、ハイブランドに頼る必要もありません。私たちの重ねた年齢は、ブランドの歴史と伝統に負けはしないのです。

chapter 6

無駄なく上手な「買い物」のコツ

本気モードの買い物には、一人で行く

【法則】46

買い物はお友だちや娘さんといっしょに……という方も多いかもしれませんが、本気で買い物をする日は一人で出かけましょう。アドバイスはプロの店員に求めるのが一番です。

洋服を選ぶというのは、とてもパーソナルな行為です。自分の体型を客観的に見つめ、どんな服ならカバーできるかを考え、好みに問いかけ、「これだ！」と決断する作業は、自分自身と向き合うことと同じです。

だれかの意見を聞きたい気持ちもわかります。気に入った服を「似合うわ」と言ってほしいし、決断の背中を押してほしい。逆に「お母さんらしい、らしくない」と娘さんにジャッジしてもらえれば、失敗はしない。なにより、だれかといっしょのほうが、お店も気楽にのぞけるような気がします。

でも、他人の洋服はしょせん他人のものです。どんなに親しい友人や家族でも、自分の洋服を選ぶときのように真剣にはなりません。その人の「似合うわ」の本気度と、あなたの「買おうかどうしようか」の本気度には温度差があります。それに、本人が気に入って試着した洋服を「似合わない」「いやこっちのほうが絶対にいい」と言える人はめったにいないものです。本当にアドバイスを求めたいのであれば、プロのショップ店員を頼るのが一番です（↓法則51）。

「ランチのあとに、少しだけウィンドウショッピング」という程度の気楽さなら、だれかといっしょでもとくに問題はありません。「この人はこういう洋服に手を伸ばすんだ」「自分は素通りした服だけど、案外いいかも」など、新しい気づきがあります。それと、本気モードの買い物は違うと思うのです。

私はずっと「買い物は一人」派です。だからでしょうか。お店のスタッフの立場で女性2人の買い物を見ていると「本音が言えなくて苦しそう」と思うことがあります。本当はゆっくり試着したいのに、相手を待たせているからとサイズ確認だけですませてしまう人、相手が気に入った洋服を自分も欲しくなったのに、「さすがにおそろいはマズイ」とあきらめる人、周囲につられてあれこれ選んで、後日すべて返しに来る人……なんだかとてもつらそうです。

買い物は一人でしましょう。失敗したっていいのです。その時は着なくても、一年後、二年後に大活躍するかもしれません。だって好きな服なんですから……。

洋服を買うときは年齢を忘れる

【法則】47

「70代のおばあちゃんが、いまどきの洋服なんて恥ずかしいわよね」なんて思う必要はまったくありません。着てみたいかどうか、似合うかどうか。洋服の世界はシンプルなのです。

洋服を選ぶとき、体型は意識してもいいけれど、年齢を意識する必要はありません。「60歳になったんだから、60代向けのお店を探そう」とか、「そろそろ百貨店の売り場フロアを1階上にしなくちゃね」なんて……思いませんよね？　思ったことがある？　だったらそんな考えは、いますぐ捨てましょう。

私には自信があります。10代ファッションの殿堂「渋谷１０９」でも、自分に似合う洋服を見つけられるという自信。センスの合わないもの、安っぽく見えるものは選びませんが、「あ、これをインナーにすると素敵ね」「このストールは買いだわ」は、きっとあると思うのです。

ましてや20代、30代がターゲットのショップなら、何もためらう必要はありません。私たちのセンスに近いものがありますから、堂々とお店に入って、堂々と試着しましょう。トレンド感のある洋服が、手ごろなお値段で購入できるかもしれません。

と、言っておきながら矛盾するようですが、慎重さも必要です。

若い子のMサイズと、私たち世代のMサイズでは、ワンサイズくらい寸法が違うことがあります。「だったらLサイズを選べばいいのでは？」と思うのは早計です。若い子のLサイズは、はりのあるパーンとした体のLサイズです。バストトップの位置や、パンツの股上の深さ、アームホールの太さなど、私たちが気になる部分への気づかいは、おそらく期待できないでしょう。

とくにパンツやジャケットなど、体型とデザインが密接に関係するアイテムは、いわゆる「ミセス」を意識したセレクトショップを頼るのがいいと思います。百貨店でいえば、1階上のフロアです。

「え？　まだ60歳になったばかりなのに、このお店は早いわ」などと思う必要もありません。繰り返しますが、年齢は忘れましょう。気になる体型をきれいにカバーしてくれる服が見つかれば、それも素敵な出合いです。

私たちは、もうすっかり大人です。「まだ早いわ」も「もう遅いわ」も自分で決めていいのです。年齢制限で入れてもらえないお店などありません。

3通りの着まわしが思い浮かばない洋服は、買わない

【法則】48

洋服を買う決め手は何ですか？　私の場合、3通り以上の着まわしがイメージできるかどうかです。このスカート、あのパンツ、あのニットにも合う、と思ったら「買い」です。

「あ、この洋服いいな」と思って買っても、うまくコーディネートできずにタンスのこやしに……ということはありませんか？

それは、手持ちの服との組み合わせを深く考えないで買うからかもしれません。洋服単体がどんなに素敵でも、合わせるボトムやカーディガンなどがひとつのパターンしかなければ、「また同じ服ね」になってしまいます。

「あ、この洋服いいな」と思ったら、手持ちの服とのコーディネートをまずは考えてみましょう。頭の中に手持ちの服をパーッと思い浮かべて、3パターンくらいの組み合わせができると思ったら、それは「買い」です。

コーディネートが思い浮かばない場合には、試着という手があります。幸いショップにはさまざまな服があるのですから、自分が持っているタイプの洋服を探して、合わせて着てみればいいのです。「黒のパンツにも合わせてみたいわ」「白のシャツを重ねたいの」「ストールはどんなのがある？」って。

あるいは、「このカーディガンって、どんな着方があるのかしら」とつぶやくと、いろいろ提案してくれるはずです。それでショップの実力（→法則51）もわかるので一石二鳥です。

一枚のセーターだって、パンツに合わせるのと、スカートに合わせるのとでは着方は違います。シャツを重ねるのか、すそは出すのか入れるのか、合わせるボトムのボリューム感はどの程度か、アクセサリーはどこに何をつけるのか……、それだけで着まわしパターンが幾通りもつくれます。試着した中から、「これなら手持ちの服でもまねできそう」なものが3つ以上あれば、それは「買い」です。洋服は、普通に着るだけではおしゃれに見えません。どんなに高価なものでも、凝ったデザインのものでも、そのままでしか着られない服は「また同じ服」になります。でも、角度を変えたコーディネートができれば「あの服は、こんなふうにも着られるのね。おしゃれ」となるのです。

「あ、この服いいな」と思ったら、数日、取り置いてもらうのも手。たくさん考えたあとに買ったものに失敗はありません。

試着せずに、似合うかどうかは決められない

【法則】49

試着こそ、洋服を買う醍醐味です。ハンガーにかかっているときには何の興味もなかった服が、着てみたとたん「これって、私のための服？」と思うかもしれないのです。

洋服を買うとき、必ずしてほしいのが試着です。これは本当にたいせつなことなので、繰り返し言います。試着しないで買うのも、試着しないでやめるのも、よくありません。必ず試着しましょう。

洋服は、着てみないとわからないことだらけです。とくにいまの服はデザインに遊びがあったり、立体裁断だったりするので、ハンガーにかかった状態では「いい」も「悪い」もわかりません。まずは洋服の中に体を入れてください。すると「あ、この服ってウエストラインがきれい」とか「背の低い私をすらりと見せてくれる」と気づくのです。実際、私のショップでは、スタッフが着ている服がとてもよく売れます。中に体が入っているからこそ、その服の魅力が伝わるのです。

逆に、「この洋服って、私の好みにぴったり」と思っても、着てみたら「あれ？」と思うこともあります。「好きな洋服の系統が、もう何年も変わっていない」という人にありがちなのですが、その服を着た自分のイメージと現実がずれてくるのです。悲しいことですが、買う前に気づくのは悪いことではありません。

当然のことですが、サイズが合うかどうかもしっかり確認しましょう。

試着するときたいせつなのは、「ウエストが締まった！」ではありません。締まるのは大前提。たいせつなのは、体のラインがどう見えるかということです。トップであれば、丈の長さが長すぎたり短すぎたりしないか、背中に横じわが入っていないか、下着からはみ出た段差が外から見えていないかなど、チェックポイントはたくさんあります。試着室では「ＮＧ探し」も必要なのです。

その服が似合うかどうかは、試着室を出て、鏡から離れて確認しましょう。合わせようと思っている高さの靴を、貸してもらうこともたいせつです。

試着中に「いかがですか？」と声をかけられて、「あ、大丈夫です！」と返事をして出てこない場合、たいてい「大丈夫」ではありませんよね。でも、離れて見たら大丈夫かもしれません。そして着方をちょっと変えたら、すごく似合うかもしれません。まずは試着室から出てみましょう。

「Mサイズ」や「9号」にこだわらない

【法則】50

サイズは、成績表ではありません。Mサイズだから優秀だとか、Lサイズは恥ずかしいとか、そんな価値観があるならいますぐ捨てましょう。サイズはただの目印にすぎません。

洋服を試着するとき、私は必ず2サイズを持って試着室に入ります。9号と11号。MとL。店員さんに「9号で大丈夫じゃないですか?」と言われても気にしません。単に両方比較したいだけなのです。

大人の体の悩みはそれぞれですし、洋服のラインもそれぞれです。こっちは9号がすっきりして見えても、この服は11号のほうがきれいに見えるということもあります。キュッと着たほうがいい洋服の場合には、もしかしたら7号がジャストサイズということもあるのです。両方着てみて、お店の方に「どっちがいいですか」と聞いてみるのもいいと思います。「この布地は伸びがいいので、少し小さめでも大丈夫」と言われることもあれば、「洗うと縮むので大きめがいいかも」と言われることもあります。これは聞かなければわかりません。

それに、ワンサイズだけだと「きつ!」と思ったときに、試着室から堂々と出ることができません。試着室の中から「もうワンサイズ上を〜」と言うのはつらいものです。安全策としての2サイズ、でもあるのです。

おしゃれ初心者こそショップを味方につけよう

【法則】51

大人おしゃれの初心者さんこそ、ベテランのショップ店員のアドバイスが役立ちます。山のようにある洋服の中で、「私の一枚」をともに見つけるパートナーを探しましょう。

ショップに立っていると、いろいろなお客様がいらっしゃいます。中には、スッと入ってきて無言で洋服を眺め、スッと帰っていかれる方もいます。お声をかけても知らんぷり。せっかくいらしてくださったのに残念だなぁ、と思います。

「私は一人でゆっくり見たい。店員さんに話しかけられたくない」という気持ちもわかるのですが、そのような買い物スタイルで、最近気に入った洋服と出合えましたか？「大人になって着る服がわからない」と悩む方の多くが、そんな買い物をしているのではないかと推察します。

「こんな服が欲しい」という具体的なイメージがあり、それに近い服が問題なく着られれば、ショップ店員なんて不要です。若いころはそれでよかったのです。でも、似合う洋服に制約が出てきてしまった大人世代にとって、膨大な服の中から自分に合うものを見つけ出すのは大仕事です。棚の洋服をただめくっているだけでは、お宝は発見できません。

もし「このお店には、私の好きそうな洋服がありそう」と思うショップを見つけたら、店員と少し話してみてください。「スカートが欲しい」「カットソーが欲しい」など、必要なものを伝えて、まずは試着してみましょう。「法則48」でもお伝えしたように、アクセサリーでもストールでも、何でもかんでも合わせてもらって、自分に似合うかどうかどんどん試してみるのです。それで「この店員さんのセンスはなかなか素敵」と思えたら、そのショップをどうぞたいせつにしてください。何度も通って、顔と好みを覚えてもらいましょう。

必ずしもすすめられた洋服を買う必要はありません。断ってかまわないのですが、できれば「もう少し丈が長いものがよかったの」とか「予算オーバーで」などと、理由を話すといいですね。迷っているなら、1週間程度は取り置きしてもらえると思います。もちろん、キャンセルするなら早めに連絡するのがマナーです。「売りたいだけ」の未熟な店員かどうかの見分けは、きっとすぐにつくはず。声をかけられたからといって拒絶せず、少し話して、意見を聞いて、試着室へ。その積み重ねの先に、あなたに似合う新しい洋服が待っています。

着ない洋服を、捨てなくてもいい

【法則】52

手持ちの洋服の数が少ないほど、知的でおしゃれじょうずのイメージがある昨今ですが、スタイリスト石田純子は「捨てなくていい」と思ったりするのです。時代遅れですか？

「洋服は10着あればいい」とか「断捨離」とか、捨てる&買わないことが流行のようですが、私は素直に「そうですね」とは言えません。「10着でコーディネートなんてできるのかな」「着なくなった洋服も復活できるチャンスがあるんじゃないかな」と考えてしまうのです。

先日も、数年前の丈短セーターを引っ張り出して「何かに使えないかな」と考えました。そして、ひらめきました。セーターのわきの縫い目をきれいにほどいて、そでから下が前身ごろと後ろ身ごろに分かれるようにしたのです。インナーに白のロングシャツを着てみると……、ニットのサイドやすそから白シャツが出て、異素材ミックスのセーターができあがりました。夫に見せたら「あ、懐かしいセーターが突然今年らしくなった」と驚いてくれました。大満足です。

何十年も前のタンクトップやスカーフが、突然復活することもあります。「このセーターの下には、このカーブの白い丸首が必要」とか、「ほんのちょっとしか見えないんだけど、胸元にロイヤルブルーが欲しい」ということがあると、私は引き出しをゴソゴソするのです。すると「おっと、こんなところにこんな色のストールが!」「おっと、こんなシャツが!」と見つかるのです。忘れていた洋服がお宝となって再登場するのですから、得した気分になります。長くおしゃれをがんばってきたご褒美かもしれませんね。もちろん「さすがにこれは工夫のしようがない」と思うものは処分しますので、ご心配なく。

洋服の賞味期限は短いといわれています。「ベーシックなものは長く着られる」といっても、形は周期的に変わっていきます。それでも、「古くなったから着ない」「着ないから捨てる」というのはやはり残念。あまりに流行遅れは困りますが、ボトムをいま風に変えたり、小物をプラスしてみたり、部分使いしたり、ちょっとリメイクしてみたりすると、けっこう着られることもあるものです。

洋服を買うのは楽しいものです。新しい服を買えば収納場所は狭くなりますから、取っておけばいいというものではありません。残すもの、買うもののバランスを考えることも、ファッションにはたいせつなことなのです。

CARE

自分への気配り

★

きれいな肌ほど華やかなものはない

着こなしが素敵に見える条件は、目鼻立ちでもスタイルのよさでもありません。肌です。肌がきれいであることです。

肌の美しさは、きれいに生きていることの証明でもあります。きちんと食べて、きちんと出して、きちんと眠って、じょうずにストレスも解消していなければ肌は衰える一方です。きれいな肌の80代の方とお会いすると、ただただ尊敬します。若いころの「肌がきれい」とは、その意味が違うのですから。いまからでもその肌を目指そうと、保湿だけは一生懸命がんばっている私です。外出先でもスプレー式化粧品で、せっせとシュッシュ。美肌の80代を目指します。

CARE

自分への気配り

★★

変えられないことと変わること

メイクの流行は移り変わっているのに、「若いときの流行メイク」を続けている人。「肌はしみ、しわ、くすみがなく、マットな白肌に限る」とファンデーションをきっちりぬって、隠すことばかりに力を入れてしまう人。こんなセオリーにとらわれ、かたくなに続けている人が老けて見えるのは、洋服もメイクも同じです。

大人世代が目指すメイクは、薄づきファンデ＋くっきりアイメイクです。年齢とともにぼやけてくる輪郭をアイラインではっきりさせ、マスカラをつけましょう。まつ毛は唯一顔から飛び出しているパーツなので、濃さを加えるだけで、ぼやけてきた顔にメリハリが加わります。

CARE

自分への気配り

★★★

現実に魔法をかける拡大鏡

年齢とともにアイメイクがめんどうになる理由のひとつは、老眼です。メイクのためにメガネをはずすと細部が見えなくなるのです。そんなとき役立つのが拡大鏡。まつ毛の際までよく見えるだけでなく、恐ろしい現実もよく見えます。しみ、しわ、たるみ、ファンデーションのヨレ……。でも、現実を直視しないことには何も変えられないのは、メイクも同じこと。「うわー、なにこれー」と嘆きながらも、拡大鏡を使って丁寧にメイクしましょう。そのあと普通の鏡で自分の顔を見ると、「あら私、けっこう大丈夫じゃない！」と明るい気持ちになれるのです。これもひとつのマジックです。

chapter 7

10年後が楽しみになる「おしゃれの姿勢」

「私らしさ」の思い込みが、おしゃれの邪魔をする

【法則】53

大人世代がおしゃれになるために、乗り越えるべき最大のハードル、それは「私らしさ」。「こんな洋服は私らしくない」という迷いの中にある「私らしさ」とは何ですか？

先日、ショップに60代くらいのお客様がいらっしゃいました。上品で落ち着いたグレーのニットのツーピースに、黒のパンプス。私のショップの存在を聞いて、電車を乗り継いでいらしてくださったそうです。その方に似合いそうなデニムやセーターをいくつかご提案したのですが、そのたびに「デニムははかないの」「こういうセーターは私らしくないのよね」と、試着しようともしてくださいませんでした。新しい洋服が欲しくてわざわざ私のショップを訪ねていらしたのに、「私らしい服」ばかり探すなんて……、とてももったいないと思いました。

こういうことは珍しくないのです。洋服に「私らしさ」という枠をあてはめ、そこにはまるもの以外は着ようとしない人は少なくありません。

「私らしさ」とは、だれが決めたものなのでしょうか。自分で自分を不自由にしてしまう「私らしさ」っていったい何?

私が思う「私らしさ」とは、変化の中でもゆるがない軸です。

このお客様のように「デニムパンツははいたことがない」と言う方でも、「ちよっと気になる」と思ったら、ぜひ挑戦してほしいのです。「私らしくない」アイテムだとしても、アイテムそのものを否定してしまうのはやめましょう。デニムパンツをいったん受け入れて、そのうえで「ディスプレイでコーディネートされていたセーターは私には少し派手なので、黒のセーターにアクセサリーを合わせてシックにしようかな」と考える、それがその人の「私らしさ」です。新しいアイテムを取り入れても「私らしさ」を消さない方法はいくらでもあるのです。

そして、「私らしさ」は変化していいものだとも思います。いまの自分が感じている「私らしさ」も、30代のころとは違うはずです。50年も60年も生きているうちに、いつしか自信を失い、気づけば「私らしさ」を小さな小さな枠に押し込めてしまっているのかもしれません。

洋服には、「私」を解放する力があります。「こんな自分がここにいたんだ！」という発見のお手伝いをすることが、私の仕事です。ファッションには、人生を変える力も、幸せをつくる力もあると、私は信じているのです。

大人の女性には「迫力」がなくちゃ

【法則】54

大人の女性の着こなしを魅力的にするのは、その人のもつ「個性」と「強さ」を加えることです。年齢を重ねたからこそ手に入る個性と強さを、私は「迫力」と呼んでいます。

年齢を重ねた女性の着こなしには、「迫力」が必要です。迫力とは人を威嚇《いかく》するようなものではなく、「個性」と「強さ」を合わせたようなもの。

もともと迫力が備わった人なら、着こなしはシンプルなほうがいいかもしれません。でも、日本の女性の多くは、年齢とともにどんどん「薄く」なっていく傾向があります。さらにファッションまでもがベーシックでシンプルなままだと、どんどん平凡で存在感のない人になっていきます。そんなの、なんだかつまらないと思いませんか？

かといって、華美になりすぎてもいけません。いろいろな色をゴテゴテと身につけたり、イヤリングもネックレスも指輪も、あれこれいっぱいつけていたり、これみよがしにブランド品で固めたりするのは、やはり下品です。

華美に偏ると「オバちゃん」になり、地味に偏ると「おばあさん」になる。残念ながらこれは、大人の女性にありがちな図式だということです。では、大人世代はどこを目指すのか。それこそが「迫力のある女性」です。

着こなしでいえば、自分の中の長所を迷いなく目立たせるコーディネートができれば迫力が出ます。「昔から色白で肌がきれいなの」という人なら、胸元を広く開けて白い肌を見せ、そこに大ぶりのネックレスをして視線を集中させましょう。明るいピンクやサックスブルーのような色も似合うはずなので、きれいな色のトップで肌色をさらに目立たせ、「わぁ、きれいな色が似合うのね」とみんなの注目の的になるコーディネートもおすすめです。単に「色白な人」ではなく、「透き通るような肌がきれいな人」の印象を植えつけるには、個性を強さに変えるファッションが必要です。味方を得ることで、あなたらしい「迫力」が生まれてくるのです。

逆に欠点カバーに力点を置いていては、迫力が出にくいもの。と同時に人間は欠点を修正することがなかなかできないのも事実。「子どもを育てるときは欠点を気にするより長所を伸ばせ」といわれますが、それはすっかり大人になった私たちだって、同じことなのです。

理想とするのは「モデル」ではなく「女優」

【法則】55

ベテラン女優さんと仕事をするといつも驚かされるのは、彼女たちが自分のスタイルの長所と弱点を知り尽くしていることです。だからこそ自分の魅力を１００％発信できるのです。

どんな美人女優だって、平等に老いていきます。テレビや映画の役どころも「おばあさん」や「人生の大先輩」など、地味な存在になりがちです。でも、トーク番組などに登場する彼女たちを見て、「若い！」「70代とはとても思えない！」と驚いたことはありませんか？　そう、リアルな彼女たちは本当にエイジレスで、魅力的なのです。それは彼女たちが、自分の長所を磨き、そこに視線を集中させることにおいてプロフェッショナルだからです。

女優さんとはいえ、年齢を重ねて100点満点の体型の方などいません。最近の若い女優さんにはモデル出身者も多いですが、私たち世代の女優さんたちは、モデル体型ではない方のほうが多いと思います。しかも50代、60代と年齢を重ねれば、隠したい部分、自信のない部分が増えてきて当然です。

けれど、テレビ画面に映る彼女たちは、そんな弱点をほとんど感じさせません。しわがあるかもしれないし、太ってきたかもしれない。それはそれとして、でも私たちは「笑顔が素敵」「華やかね」「オーラがあってかっこいい」などプラスの印象をもつのです。それはどうしてでしょうか。

彼女たちには客観性があるからだと思います。常に四方八方からカメラで撮影されてきた彼女たちは、自分というものを見慣れています。長所も短所も理解したうえで、長所をしっかり相手に届ける方法を知っているのです。

だからでしょうか。スタイリングの場で、彼女たちのリクエストは具体的です。「石田さん、二の腕が目立たないようなドレスはないかしら」「石田さん、舞台で視線を顔回りに集めたいの」などなど。コンプレックスや要望が具体的なほど、スタイリストは張り切るものです。頭も手もフル回転させてスタイリングさせていただき、彼女たちをカメラの前や舞台に送り出します。たくさんの視線の中でほほ笑む彼女たちを見たとき、あんなに気にしていらした二の腕にもおなかにも目はいきません。溜め息が出るほどの魅力を感じるだけなのです。

女優さんとはいえ、別世界の住人ではありません。隠したい部分やコンプレックスをもつ同世代の仲間。その心意気を見習いたいものです。

おしゃれ心にブレーキをかけない

【法則】56

「こんな洋服、着てみたいなぁ」と思うことはありませんか？　だったら着てみましょうよ。おしゃれしたい気持ちに、ブレーキをかける必要なんて、何もないのです。

おしゃれ心にブレーキをかける言葉を、私はたくさん聞いてきました。

「もう年だもの」「こんなに太っていたら着られないわ」「やせちゃったから貧相に見えるの」「こんな感じの服は似合わないのよ」「10年前なら着られたんだけど」なんだか、おかしいなぁと思います。


洋服は、そんなに偉そうなものではありません。太っているならサイズを選べばいいし、やせているならふんわり見せるデザインもあります。もともともっている欠点や弱点を、洋服でカバーすることはいくらでもできるのです。

「流行のワイドパンツをはいてみたい」と思うなら、「背が低いし太っているからムリよね」というブレーキ言葉を使うのはやめましょう。ワイドパンツにも種類はたくさんあります。背が低いなら少し短めの丈がいいし、太っているなら幅が抑えぎみのほうがおすすめです。合わせるトップにも注意は必要ですが、うまく合わせて着てみたら「意外に似合う」とびっくりするはずです。

コンプレックスというスタートラインに立つからこそ、コーディネートには工夫が生まれます。その工夫は個性の一部になり、その人をおしゃれに見せます。コンプレックスはあっていいけれど、ブレーキではなくアクセルにしましょう。

かくいう私も、先日失敗してしまいました。

私のお店にちょっと素敵なセーターが入荷し、見た瞬間、88歳になる母が好きそうなデザインだなぁと思ったのです。私も気に入ったので、自分のぶんと母のぶんを、2枚購入しました。自分には鮮やかなブルー、母にはグレー。ところが、セーターを見た母は「グレーは地味ね。ブルーがいいわ」と言うのです。「え？お母さんがブルー？」と聞くと、母はにっこり笑って「ブルーを着てみたいの」。

地味になっちゃダメ。年齢は関係ない。そう言い続けているくせに、88歳の母には、迷いなくグレーを選んでしまった私。本人だけでなく、家族からの暗黙のメッセージもブレーキになることがありそうだと気がつきました。反省です。

好きな色、着てみたい服があったら、だれに遠慮する必要もありません。好きなものを着ていいんです。堂々と、にっこりと、「着てみたい」と言いましょう。

似合わなくなった洋服だってあきらめない

【法則】57

気に入って買った洋服が、家で着てみたらなんだか似合わない……ということもありますよね。そんなときには、似合うように工夫することができるのです。

子どものころ、母が縫ってくれる洋服が大好きでした。でも、仮縫いで着てみると、だいたい似合わないのです。「なんだか変な服」と、ちょっとがっかりします。でも、母が「純子には丈が長いわね」「えりが大きいのよ」などと言いながらピンをどんどん打ち直していくと、「変な服」がだんだんかわいく見えてきて、似合う服になっていくのです。幼心に「魔法みたいだ」と思ったものです。

似合わなくなった洋服が見つかったときも同じです。どうすれば似合うのかを考えましょう。ピンを打ち直すことができなくてもアレンジはできます。パンツが太めなら、すそをロールアップしてみる。そでが長いならまくってみる。柄行きが気になるなら、ジャケットやロングカーディガンと重ねて面積を小さくする。

そんな工夫のひとつひとつが、仮縫いのピンだと思うのです。「変な服」が「似合う服」になったとき、そのままで似合う服よりも、はるかに愛着のある一枚になるのではないでしょうか。

石田流、「年相応」のおしゃれ

【法則】58

「年相応」という言葉がありますが、おしゃれに年齢は関係ありません。あるとすれば、年齢ごとに目標とする姿でしょうか。60代の私の目指す姿をお伝えします。

年相応――あまり好きな言葉ではありません。

でも、人生の先輩方を見ていると、その年齢ならではの魅力というものが確かにあるとわかります。人によって違うことは重々承知のうえで、私なりの「年相応の大人のおしゃれ観」についてお話しさせていただきます。

50代は、まだまだ若いと思います。「30代のころからファッションが変わっていない」という方がいても、まだあわてなくて大丈夫。でもベーシック&シンプル以外の洋服にもぜひトライして、大人のおしゃれの土台をつくっていってほしいと思います。

60代になると、あきらかに若い子（30代や40代のことです）とは違ってきます。このあたりが分岐点かもしれません。私が思うに、60代には「マダム感」が必要ではないでしょうか。もうだれかに遠慮する必要もない年齢になりましたから、人生で培った「迫力」を、少しゴージャスに見せていただきたい。イメージは、夏木マリさんや桃井かおりさんでしょうか。個性と強さを出しながら魅力を発信できたら素敵です。この年齢なら、だれに遠慮もせず、いろいろな色やデザインに挑戦できると思います。マダムですから、堂々といきましょう。

70代以降になったら、かわいらしさが見せられるといいなぁと思うのです。宮本信子さんや、もっと年上ですが岸惠子さんみたいに。チャーミングな70代、80代は、とても魅力的。いろいろな人生経験も知識ももっているけれど、もう主張はしない。しなくても世界は開けているし、受け入れられる。そんな余裕に憧れます。洋服も、あえて若者のエッセンスを取り入れてほしいですね。デニムパンツにワイドな白シャツなどを合わせて、さっそうと歩いてほしいものです。

洋服とは、その人の生き方がどうしても出てしまうものです。答えが出始めるのが、50代後半から60代だと思います。「答え」が見つからないという人は、まずは洋服から変えてみてください。見た目が変わったその先に、年齢を重ねた自分の本当にしたいことが見えてくるように思うのです。

進化する素材が、おしゃれの幅を広げてくれる

【法則】59

ファストファッションと呼ばれる低価格ブランドにも、大人世代が着て素敵に見える洋服はあります。シルクより美しい化学繊維もあります。要は、見る目を養うことです。

バブル景気が崩壊してから約30年。ファッションの世界の価値観は、天と地がひっくり返るほど変化しました。ブランド信仰が消え、カジュアルファッション全盛期がもう長く続いています。洋服の価格は下落を続け、「ファストフード」ならぬ「ファストファッション」の勢いは止まりません。

大人世代の「いいものは高い」「安いものは悪い」という価値観だけでは、もう通用しません。ファストファッションのブランドでも、私たち大人世代が活用できる洋服は数多く扱っています。たとえばデニムパンツなどは、ストレッチのきいた動きやすいものが、いま流行のラインでそろっています。「試しにひとつ買ってみようかな」には最適かもしれません。

注意してほしいのは、生地感や縫製です。薄っぺらなものや、あきらかに縫製がいいかげんなものなども残念ながらあります。一方で、安くても素材感のあるしっかりしたものもあるのです。しっかり見て、必ず試着して購入しましょう。

布地に関しても、価値観の修正が必要です。

昭和世代には「ブラウスはシルク、シャツは綿、ジャケットはウール100%でなくちゃ」という天然素材信仰がどこかにあります。けれど21世紀、新素材は目覚ましい進化をとげています。かつて「安物」の代名詞だったレーヨンやポリエステルは、発色もよくて丈夫。見た目もシルクと遜色ありません。これらの化学繊維の布地は、洗濯機で洗えるものも多く、アイロンも不要という優秀さ。値段も抑えぎみですから、じょうずに利用しない手はありません。

私が最近「すごい」と思っているのは、合成皮革です。本物の革そっくりの風合いと柔らかさでありながら、薄くて加工もできるのです。レザージャケットやレザーワンピースなどもデザイン性がグンと向上しました。フェイクファーも、「これはミンク?」と誤解しそうなレベルのものが出回っていて、時代の急速な進化を感じずにはいられません。

もちろんこちらも玉石混交の側面があるのは事実。その目で確認して、手で触れて「これだ!」と思ったものを選びましょう。

おしゃれは社会性。相手への敬意が必要です

【法則】60

おしゃれをするうえでたいせつにしたいのは、相手への敬意です。洋服の選択ひとつで、「おしゃれだな」と喜んでいただけることもありますし、不快感を与えることもあるのです。

ファッションは基本、自分の好きなものを着ていいと思います。けれど、部屋着でない限り、「今日だれと会うか」を念頭に置いて洋服を選ぶことは、大人の基本マナーだと思っています。それは、相手への敬意を表すことだからです。

それは、そんなたいそうなことではありません。デニムをスカートにはきかえてみたり、アクセサリーを添えてみたり、つっかけをきれいなサンダルに履きかえてみたりする程度のこと。それでも、そこに「今日は○○さんに会うのだから」という思いがある、それがたいせつなのです。

ですから、相手を困らせるような服装も避けなくてはいけません。胸元が必要以上に開いているとか、その下のタンクトップがゆるゆるで谷間が見えてしまうとか、パンツがきつくて下着のラインがくっきり浮き出るとか、背中のお肉のだんだんが浮き出ているとかは、やめましょう。出かける前に全身をいろいろな角度でちゃんと見て、「ちょっと気になる」と思ったら、周囲の人にはさらに気になるはず。大人なのですから、相手に気を使わせる洋服を着てはいけません。

大人服とは、センスのいい家庭料理

【法則】61

毎日食べるごはんは、奇抜なものでなくていい。手に入りやすい手ごろな食材を使って作るけれど、最後の仕上げはおしゃれに……。私の目指す大人ファッションに似ています。

食べることが好きです。レストランで食べることも好きですが、家で料理を作ってゆっくり食べることも大好きです。

最近思うのは、家庭料理と大人ファッションには共通点があるということです。家庭料理は毎日食べるものだから、さまざまな制約があります。一日にかけられる食費は限られているし、近くで手に入る食材でないと難しい。もちろん家族の好みもあるし、ダイエットしたい人もいれば、コレステロールを気にする人もいる。そんな中で作ったものをテーブルに並べたとき、「わぁ、おいしそう!」と思ってもらいたいから、見た目や仕上げにも気を使う。そして、作れば作るほど、ほめられればほめられるほど、腕が上がる。ね、似ているでしょう?

家で食べるものだから、別にどうでもいいじゃない?と思う人もいるかもしれません。スーパーで買ったお刺し身を、「本日の特売」シールがついたパックのままでテーブルに出す人だっているでしょう。でも、同じお刺し身でも、土もののどっしりとした器にきれいに並べ直して出すと、それだけで料亭に来たような気持ちになって、食卓が華やぎます。食欲もわくし、食べたときの味だってきっと違うと思うのです。

私は、料理研究家の栗原はるみさんのレシピがとても好きです。初めてレシピ集を見たのはもう30年近く前ですが、コロッケをピンポン玉みたいなサイズで揚げて、お皿にコロコロ重ねていたり、きんぴらごぼうなのに、ごぼうが大ぶりに切られていたりして、「かっこいい」と思ったものです。仕上がった料理は素敵な鉢やお皿によそわれていて、食べ慣れた料理のはずなのにとても新鮮でセンスよく見えてくるのです。もちろん、簡単でおいしいという点でも、働く母親である私を救ってくれました。

大人ファッションが目指すものもそうです。いつもの服を使いながら、目先が変わる流行をほんの少し取り入れておしゃれに着こなす。コロッケの大きさを変えたり、ごぼうの切り方を工夫することと同じように。

毎日でも飽きない、そんなファッションを提案していきたいのです。

たいせつにし続けたい「清潔感」と「上品さ」

【法則】62

どんなシーンであっても、ファッションには清潔感と上品さが必要です。それは洋服の選び方にとどまらず、身だしなみ全般にかかわること。小さな努力を続けましょう。

洋服のコーディネートをするうえで、絶対的に意識しているのは「清潔感」と「上品さ」です。この2つが感じられる洋服を着ていれば、フォーマルでもカジュアルでも、けっして失敗することはないと思うからです。

当たり前のことですが、清潔感とは「洋服が真っ白！」という次元の話ではありません。シミがないとか、えり元に汚れがないとか、それは言うまでもないこと。大人の常識として配慮しなくてはいけません。

私がお伝えしたい清潔感とは、もっと全体的なことなのです。着くずしていてもだらしなく見えない、どこかをくずしたら別な部分はきっちりさせる、そのバランス感です。パリッとさせるべき洋服はパリッと、くしゅくしゅさせるべき部分はくしゅくしゅと、そうやって整えたコーディネートには、どこか清新なさわやかさがあります。

上品さというのは、地味とは違います。華やかさやおしゃれ感はあるけれど、やりすぎないのです。「法則60」にも書きましたが、身だしなみに相手への敬意や配慮があれば、おのずと上品な印象を与えます。相手を困らせてしまうような服装は、品がありません。

清潔感と上品さを整えるために必要なことは、細部への配慮です。どんなに素敵な洋服を、完璧なコーディネートバランスで着こなしていても、靴が汚れていては台なしなのです。ヒールのかかとの革がむけていたり、靴底のゴムがはがれていたり、ストッキングがくるぶしにたまっていたりするのはいけません。指先も気になります。爪が伸びていたり、ささくれがあったり、ガサガサしていたりすると、清潔感も上品さも感じられなくなります。本人が「このくらい、大丈夫かな」と思うような部分ほど、人は注目しているのです。

おしゃれとは、トータルバランスです。でも、「神は細部に宿る」ともいいます。全体のイメージを構築するのは、小さなパーツのひとつひとつなのです。いまからだって十分間に合います。靴を磨き、爪にオイルを塗り、明日着る洋服にアイロンをかけておきましょうか。明日の気持ちが華やぎます。

おわりに

スタイリングの世界で生きてきて、もう40年が過ぎました。「スタイリストなんて、若くないとできない仕事」と思っていたのですが、年齢を重ねた自分だからこそできるスタイリングがあることに気がついたのは40代後半になったころでしょうか。

子育てを終えて、ふと気づいたときに「私は何を着たらいいのかしら」と戸惑う同世代の仲間が、まわりにたくさんいたのです。

顔色がくすんできて、似合う色が見つからない。太ってしまったから、何を着てもやぼったく見えてしまう。自分らしいと思える洋服が、どこを探しても見つからない。そもそも、私たち世代は何を着たらいいのかしら?

そんな声が、あちらからもこちらからも聞こえてきました。同世代だけでなく、そしてもっと上の年齢の女性たちからも。

その問いに答えたいと始めたのが、百貨店でのパーソナルアドバイスです。たくさんの大人の女性たちにアドバイスさせていただく中で、うれしい報告を聞くことがしばしばありました。あるとき、教師をしている女性がこんなふうに話してくれました。

「石田さんがコーディネートしてくれた服を着て学校に行ったら、女子生徒に『先生、今日かわいい！』ってほめられたの。以来、私が新しい洋服を買うたびに、女子たちが集まってくるの」

企業でバリバリ働いている50代の女性は、「センスのいいことで有名な後輩の女子社員に、『どちらでお洋服を買われているんですか？』って質問されたんです」とうれしそうに話してくれました。

似たようなエピソードはたくさんあります。そのほとんどが、年下の女性たちにほめられた経験です。面白いですよね。

洋服とは「私はこんな人間です」というメッセージを形にしたものだと思っています。若い人たちはそのメッセージに敏感です。流行に無関係な服を着続けている人には、「頭が固いのかな」「若い人になんて興味ないんだろうな」というイメージをもちます。

一方、コーディネートの中に「いまの流行」を少しでも取り入れていると、「話しかけやすそう」「わかってくれそう」と感じるのです。だからこそ、洋服をかえただけでわざわざ話しかけてくるのだと思います。

若い子たちに迎合しなさい、と言っているわけではありません。でも、自分たちより若い世代に認めてもらえるのはうれしいものですし、元気が出ます。そんなあなたの姿は、「何を着ようか」と迷っている同世代への刺激にもなるはずです。

だからといって、若い世代のファッションそのままである必要もありません。

流行を取り入れた洋服にクローゼットの中の手持ち服を組み合わせて、鏡の前であれこれ考えてみてください。

その時間が楽しくなるようにと願って、本書を作りました。

みなさんの「こんなうれしいことがありました」の報告を楽しみにお待ちしています。

石田純子

本書は、主婦の友社より刊行された『大人スタイルの新常識』を、文庫収録にあたり改題したものです。

石田純子（いしだ・じゅんこ）
1955年生まれ。スタイリスト。雑誌『装苑』編集部をへて独立。女性誌のファッションページや、広告・テレビなどで女優のスタイリングを担当。百貨店の研修やトークショーなども精力的に行う。また、2016年、東京・月島にセレクトショップ「DUE deux」をオープン。30〜80代にわたる幅広い世代の女性を対象にした、パーソナルなスタイリングアドバイザーとしても活躍。若作りにならない、若々しいスタイリングに定評がある。
監修書に、『大人の着こなしバイブル』をはじめとする累計30万部を超えるベストセラー「大人のおしゃれバイブル」シリーズ、『第一印象で素敵な人になるおしゃれの法則』『捨てられない服』（以上、主婦の友社）の他、多数。

知的生きかた文庫

おしゃれな人《ひと》には理由《りゆう》がある
著　者　石田《いしだ》純子《じゅんこ》
発行者　押鐘太陽
発行所　株式会社三笠書房
〒一〇二—〇〇七二　東京都千代田区飯田橋三—三—一
電話〇三—五二二六—五七三四〈営業部〉
〇三—五二二六—五七三一〈編集部〉
https://www.mikasashobo.co.jp
印刷　誠宏印刷
製本　若林製本工場

ISBN978-4-8379-8702-4 C0130

知的生きかた文庫

驚くほど眠りの質がよくなる睡眠メソッド100

三橋美穂

1万人の眠りを変えた快眠セラピストによる快眠法。寝苦しい夜のエアコン設定、熟睡に効くストレッチ、睡眠負債のリセット法……睡眠が変われば人生が変わる!

コクヨの結果を出すノート術

コクヨ株式会社

日本で一番ノートを売る会社のメソッド全公開! アイデア、メモ、議事録、資料づくり……たった1分ですっきりまとまる「結果を出す」ノート100のコツ。

頭のいい説明「すぐできる」コツ

鶴野充茂

「大きな情報→小さな情報の順で説明する」「『事実+意見を基本形にする』」など、仕事で確実に迅速に「人を動かす話し方」を多数紹介。ビジネスマン必読の1冊!

時間を忘れるほど面白い雑学の本

竹内 均【編】

1分で頭と心に「知的な興奮」! 身近に使う言葉や、何気なく見ているものの面白い裏側を紹介。毎日がもっと楽しくなるネタが満載の一冊です!

気にしない練習

名取芳彦

「気にしない人」になるには、ちょっとした練習が必要。仏教的な視点から、うつうつ、イライラ、クヨクヨを〝放念する〟心のトレーニング法を紹介します。

C50398

知的生きかた文庫

病気にならない体をつくる免疫力

安保徹

健康でなければ、人生楽しくない！

体にいいことは、気持ちいい！　体を「ポカポカに温める」、朝まで「グッスリ眠る」、1日1個「梅干しを食べる」、息を「大きく吐く」などなど、「健康寿命が延びる」習慣が満載！

自然療法が「体《からだ》」を変える

東城百合子

元気で、病気知らずの人には理由がある

- 母の末期の子宮ガンが消えてなくなった
- 医者も見放した肝硬変が驚くほどに回復
- あきらめていた子を14年目に出産
- 重症の脳卒中から救われる

危ない食品たべてませんか

増尾清

食品問題研究の第一人者が伝授する実践的な〝食の安全ガイドブック〟！

- 要チェック！　不安な添加物はコレだ
- 安全な「有機野菜」を手に入れたいときは？
- 遺伝子組み換え食品はなぜ不安？
- 「偽装表示」はどうして起こるのか？

C30113

知的生きかた文庫
わたしの時間
シリーズ

美も願いも思い通りになる女《ひと》の生き方

ワタナベ薫

＊美しさ、お金、愛——
すべてを引き寄せる人生のつくりかた

マニュアル通りの生き方なんてつまらない。あなたらしい人生を謳歌するために、「努力」よりも「思い込み」を変えることで、願いを叶える方法を教えます！

贅沢な時間

下重暁子

＊ものにもお金にも縛られない
知的に、魅力的に歳を重ねるヒント！

「贅沢な時間」とは、何気ない日常の中で想像力の翼を羽ばたかせ、楽しみを見つけられること——。心を遊ばせ、豊かに生きるための珠玉のエッセイ！

毎日、こまめに、少しずつ。

ワタナベマキ

＊人気料理家が教える
ていねいに豊かに暮らす家事のコツ！

忙しくてもためずに少しずつ家事をすることで、台所に立つ心が軽くなる。献立の立て方からキッチンの整理収納、掃除法までヒント満載の写真エッセイ！

C30122